Mindfulness
Crosswords

First published in Great Britain in 2020 by
Michael O'Mara Books Limited
9 Lion Yard
Tremadoc Road
London SW4 7NQ

A CIP catalogue record for this book is available from
the British Library.

Papers used by Michael O'Mara Books Limited are natural, recyclable
products made from wood grown in sustainable forests. The
manufacturing processes conform to the environmental regulations of the
country of origin.

ISBN: 978-1-78929-213-8

1 2 3 4 5 6 7 8 9 10

www.mombooks.com

Designed and typeset by Gareth Moore

Printed and bound in Great Britain by CPI Group (UK) Ltd,
Croydon, CR0 4YY

Introduction

It's important to take time each day to clear your mind of distractions, and what better way to do that than with a crossword puzzle?

Each of the crosswords in this book should be solvable within a coffee or lunch break, so you can fit them into your day as suits you best.

Simply puzzle out the answer to each clue, and fit them into the grid as indicated by the numbers.

Crossword 1

Across

1 'Right away!', in hospital (4)
4 Changing into (8)
8 Swiss home to the World Health Organization (6)
9 Decrease (6)
10 Salve (4)
11 Vanquish (8)
13 The process of having a balanced diet (7,6)
16 Understood only by those with specialist knowledge (8)
19 Plate (4)
20 It neutralizes an acid (6)
22 Develops (6)
23 Omits (8)
24 Inhale in shock (4)

Down

2 Adolescents (9)
3 Upward current of warm air (7)
4 Curtain-call cry (5)
5 School (7)
6 Melodious sounds (5)
7 Maiden name indicator (3)
12 Pastors (9)
14 Hasty (7)
15 Straightening out (7)
17 Follow after (5)
18 Has an informal conversation (5)
21 Unit of illumination (3)

Crossword 2

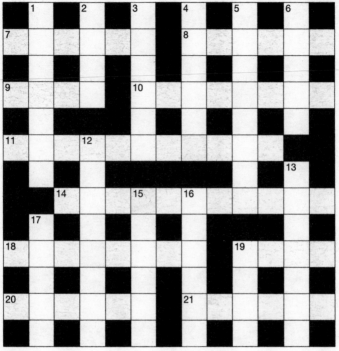

Across
7 Gangster's hat? (6)
8 Citrus fruit (6)
9 System of weights for precious metals (4)
10 At a far distance (8)
11 Extremely accurate timepiece (6,5)
14 Burials (11)
18 More constricted (8)
19 Formal title for a baron (4)
20 Having more money (6)
21 Pointing (6)

Down
1 Laments (7)
2 Excessively curious (4)
3 Cloth (6)
4 Everyday (6)
5 Subatomic element (8)
6 Spry (5)
12 Government with a king or queen at the head (8)
13 Keeping for later use (7)
15 Ahead (6)
16 College treasurer (6)
17 Frenzy (5)
19 Chunk (4)

Crossword 3

Across

7 Unfasten a boat (4,3)
9 Fairytale villains (5)
10 Head movement (3)
11 Millions of digital storage units (9)
12 Rule as monarch (5)
14 Modesty (7)
16 Out and about (2,3,2)
18 More reasonable (5)
19 Terrific (9)
20 Hit the slopes? (3)
21 Part (5)
22 Fourth book of the Bible (7)

Down

1 Artistic setting (8)
2 Utilized (4)
3 Widespread (6)
4 Misgivings (6)
5 Brothers (8)
6 Queries (4)
8 Ridiculous person (6,2,3)
13 One behind the other (2,6)
15 First to arrive (8)
17 An hour before midnight (6)
18 Very serious (6)
19 Cried (4)
20 Cook slowly in water (4)

Crossword 4

Across
1 Misfortunes (11)
9 Do something thoroughly (2,3,5,3)
10 Scientific equivalence (8)
12 Leap (4)
14 Move furtively (5)
15 Pains (5)
19 Plants in a container (4)
20 Agreed with (8)
22 Unidirectional power flow (6,7)
24 Doing away with (11)

Down
2 Speck (3)
3 Ensuing (8)
4 Place of education (6)
5 Angle (4)
6 Extremely tired (9)
7 Stares lecherously (5)
8 Wide open in amazement (5)
11 Abnormal (9)
13 Absolute ruler (8)
16 Digging tool (5)
17 Signal light (6)
18 Revises (5)
21 Layer of dirt (4)
23 Major division of geological time (3)

Crossword 5

Across
1 Camera aperture setting (1-4)
4 'In memoriam' words (7)
9 Have a chance encounter with (4,4)
10 A single manufactured item (4)
11 Rich, moist cake (6)
12 Eight-person choir (5)
13 Signs a contract (4)
15 Common road vehicle (3)
16 Small whirlpool (4)
17 Bogs down (5)
19 Carton (6)
21 Malt beverages (4)
22 Helium or neon (5,3)
23 Gift (7)
24 Quizzed (5)

Down
2 Spa facility (5)
3 Persecute (7)
5 Picture taker (12)
6 Rely upon (5)
7 Gestured in a direction (7)
8 Sequentially (2,10)
14 More agile (7)
16 Inspires (7)
18 Musical pauses (5)
20 Obliterate (5)

Crossword 6

Across

1 Move forward (7)
5 Bush (5)
9 As contrasting as can be (5,3,5)
10 Battle (8)
11 Meat knuckle (4)
12 Walked unsteadily (9)
16 Stimulate; spur (4)
17 Ran (8)
19 Number expert (13)
21 Absolute (5)
22 Heavenly requests (7)

Down

2 Erase (6)
3 Gave a financial report (archaic) (9)
4 Loud, jarring sound (5)
6 'Say that again?' (3)
7 Loosen a shirt, perhaps (6)
8 Stay attached (6)
11 Series of ranks (9)
13 Depressing (6)
14 Air taken into the lungs (6)
15 Mend (6)
18 Diner (5)
20 Tool used for removing weeds (3)

Crossword 7

Across
1 Social setting (6)
5 Distort (6)
8 Game, '_ ___ with my little eye' (1,3)
9 Proportion (8)
10 Avowed (8)
11 Prayer ending (4)
12 Clothes (6)
14 Speed up (6)
16 Mashed soya-bean curd (4)
18 Gifted (8)
20 Recall (8)
21 Fast-running Australian birds (4)
22 'Again!' (6)
23 Required (6)

Down
2 Look at closely (7)
3 Rustic paradise (5)
4 Very memorable (13)
5 A kid's kids (13)
6 Formalized ceremonies (7)
7 Slack (5)
13 Before birth (2,5)
15 Carry out (7)
17 Continental sea (5)
19 Sibling's daughter (5)

Crossword 8

Across

1 Snow runners (4)
4 More than just local (8)
8 Manually (2,4)
9 Double-reed player (6)
10 Mix up sediment (4)
11 Follows (8)
13 Avoid talking about (4,1,4,4)
16 Helpfully (8)
19 Thing to be done (4)
20 Many-tiered temple (6)
22 Statements of belief (6)
23 Hard copy (8)
24 Fluff (4)

Down

2 Computer input devices (9)
3 Drink some liquid (7)
4 Travels on (5)
5 Trattoria dumplings (7)
6 Endangered atmosphere layer (5)
7 Ribcage muscles (3)
12 Rebuke (5,4)
14 Erupting mountain (7)
15 Porridge ingredient (7)
17 Moved by plane, perhaps (5)
18 Sailing boat (5)
21 We breathe this to stay alive (3)

Crossword 9

Across

7 Dispute (7)
9 Rainbow-shaped (5)
10 Perform (3)
11 Sign up for regular copies of a publication (9)
12 Got wind of (5)
14 Relevance (7)
16 Social group (7)
18 Before (5)
19 Sentient (9)
20 Twenty-second Greek letter (3)
21 Verse writers (5)
22 Abducts (7)

Down

1 Compresses (8)
2 Bizarre; ridiculous (4)
3 Rubbed out (6)
4 Rich big shot (3,3)
5 Unfortunate happening (8)
6 Sitting around (4)
8 Borrowed reading material (7,4)
13 Flew up (8)
15 Most absurd (8)
17 Abundance (6)
18 Advantage (6)
19 Upper-case letters (4)
20 Bloke (4)

Crossword 10

Across
1 Distasteful riches (5)
4 Movable residence (7)
9 Notional (8)
10 Conceal (4)
11 Milk-related (6)
12 Cowboy contest (5)
13 Keen; enthusiastic (4)
15 Meadow (3)
16 Assists (4)
17 Severely reprimand (5)
19 Formally request (6)
21 Calf-length skirt (4)
22 Abroad (8)
23 Opposed (7)
24 Fantasy (5)

Down
2 Shadow seen during an eclipse (5)
3 Turned (7)
5 Options (12)
6 Felt sore (5)
7 Phone operating system (7)
8 Mathematical results (12)
14 Altering (7)
16 Counsellor (7)
18 Proof of being elsewhere (5)
20 Coronet (5)

Crossword 11

Across
1 Ignorant (7)
5 Shyly (5)
9 Humiliation (13)
10 Anticipated; guessed (8)
11 Type of gemstone (4)
12 Asked for (9)
16 Gazed at (4)
17 Scandalizes (8)
19 Liquid-to-solid temperature (8,5)
21 Thoughts (5)
22 Stored away (7)

Down
2 Quantity (6)
3 Cowardly (4-5)
4 A show being broadcast again (5)
6 Unit with symbol omega (3)
7 One-dimensional (6)
8 Parenthetical comments (6)
11 Users (9)
13 Fantasy of perfection (6)
14 Crossbreed (6)
15 Nasty person, informally (6)
18 Taut (5)
20 Age (3)

Crossword 12

Across
8 Plots (7)
9 Upper classes (5)
10 Make a change to (5)
11 Sits in an ungainly way (7)
12 Join with one another (12)
16 Key energy food type (12)
20 Financial researcher (7)
23 Further on in time (5)
24 Light, narrow, paddled boat (5)
25 With greatest duration (7)

Down
1 Dissertation (5)
2 Bleach (8)
3 Develop (6)
4 Consumes (4)
5 Brain cell (6)
6 Belief; opinion (4)
7 Mass per unit volume (7)
13 Weep (3)
14 Authorizes (8)
15 Etch (7)
17 Breathing gas (6)
18 Governing (6)
19 Correspond (5)
21 Common teenage problem (4)
22 Narrative (4)

Crossword 13

Across

1 Homeless child (4)
4 Autocrat (8)
8 To consume completely by fire (4,2)
9 Blown away (6)
10 Very unusual (4)
11 The study of religious belief (8)
13 Donations (13)
16 Tranquil (8)
19 Change from solid to liquid (4)
20 Seer (6)
22 A very short moment (2,4)
23 Special prominence (8)
24 Was submerged (4)

Down

2 Better than (1,3,5)
3 Rubber drive band in an engine (3,4)
4 Warehouse (5)
5 French castle (7)
6 To any degree (2,3)
7 It's mined for minerals (3)
12 Adult males (9)
14 Contaminates (7)
15 Convicts (7)
17 Trap (5)
18 Connected website pages (5)
21 Tropical edible root (3)

Crossword 14

Across

1 Unable to hear a thing (4,2,1,4)
9 Continually (5,3,5)
10 In addition (8)
12 Touch (4)
14 Type of heron (5)
15 The Magi's incense (5)
19 4,840 square yards (4)
20 Venerated (8)
22 Understand (3,3,7)
24 Branch of philosophy (11)

Down

2 Letter before theta (3)
3 Funds (8)
4 Only one (6)
5 Take part in a game (4)
6 Farmer's field installation (9)
7 Low-lying land that is usually
  waterlogged (5)
8 Leg-to-foot joint (5)
11 Smoker's need (9)
13 Pedal-bike users (8)
16 River freight vehicle (5)
17 Affection; kindness (6)
18 Slacker (5)
21 Flightless South American bird (4)
23 Rainbow shape (3)

Crossword 15

Across

1 As tiny as can be (6)
5 Home for a king or queen (6)
8 Used in fluorescent lamps (4)
9 Usually (8)
10 Out of date (8)
11 Booing sound (4)
12 Banks; depends (6)
14 Fearlessness (6)
16 Ancient Persian priests (4)
18 Undiplomatic (8)
20 Area of extreme soil erosion (4,4)
21 Alter (4)
22 Adheres (6)
23 Almost never (6)

Down

2 Shake with fear (7)
3 Juicy, tropical fruit (5)
4 Chats (13)
5 At ninety degrees (13)
6 Cured animal skin (7)
7 Dials (5)
13 Stupid (7)
15 Nose opening (7)
17 Grown-up (5)
19 Blood-filter organ (5)

Crossword 16

Across

7 Large, African ape (7)
9 Circular (5)
10 Legolas, in *Lord of the Rings* (3)
11 Concealing costumes (9)
12 Become subject to (5)
14 Particular stipulations (7)
16 Parent's father (7)
18 Adhesive mixture (5)
19 Permit (9)
20 Detract from (3)
21 Kitchen shield (5)
22 Make happy (7)

Down

1 Consenting (8)
2 Senior lecturer (4)
3 Unpowered aircraft (6)
4 Emotional shock (6)
5 Lives at a basic level (8)
6 Likelihoods (4)
8 Relating (11)
13 Sections (8)
15 Cursing (8)
17 Suffocates in water (6)
18 Modular house (6)
19 Out of town (4)
20 Most frequent value, mathematically (4)

Crossword 17

Across
8 Focus (7)
9 *The Magic Flute*, eg (5)
10 Fourth Greek letter (5)
11 Caught an initial view of (7)
12 Like in a dictionary, eg (12)
16 Okay (12)
20 Casual (7)
23 Reduce by 50% (5)
24 Relating to charged particles (5)
25 Pushes suddenly forward (7)

Down
1 Digression (5)
2 Fail completely (4,4)
3 Big impression (6)
4 Terminates (4)
5 Purchased (6)
6 Departed (4)
7 Strapped shoes (7)
13 Farmyard cry (3)
14 Sloppy (8)
15 Gradual absorption of ideas (7)
17 Rarely encountered (6)
18 Short-sleeved informal top (1-5)
19 Poetry (5)
21 Devotees (4)
22 Appointment (4)

Crossword 18

Across
1 Small particle (5)
4 Teach (7)
9 Card game (8)
10 One telling untruths (4)
11 Blue shade (6)
12 Loses heat (5)
13 Crazy (4)
15 Non-existent (3)
16 Moral or legal obligation (4)
17 Propel (5)
19 Extreme fear (6)
21 Stump (4)
22 Developing (8)
23 Turns the mind (7)
24 Seize by force (5)

Down
2 Acquire knowledge (5)
3 Pundits (7)
5 Reduction (2-10)
6 Large, stringed instrument (5)
7 Public transport (7)
8 Declaration (12)
14 Modernized (7)
16 Deduces (7)
18 Inspire (5)
20 Possessor (5)

Crossword 19

Across

7 Complete disaster (6)
8 Not familiar (6)
9 Agile (4)
10 Sheep protector (8)
11 Clear (11)
14 Ignorant person (4-7)
18 Conversing (8)
19 Tramp (4)
20 Scanty (6)
21 Core parts (6)

Down

1 Kettledrums (7)
2 Like a fire's residue (4)
3 Dwarf tree (6)
4 Department (6)
5 Highly secret (4-4)
6 Give new weapons to (5)
12 Mutants (8)
13 Made possible (7)
15 Server (6)
16 Church keyboards (6)
17 Hews (5)
19 Country bumpkin (4)

Crossword 20

Across

1 Bathing top and bottoms (6)
5 Biblical shrub (6)
8 Apportion, with 'out' (4)
9 Potassium-rich fruits (8)
10 Numerous (8)
11 Notice (4)
12 Smoothly, in music (6)
14 Annoyance (6)
16 Entrance lobby (4)
18 Asset (8)
20 Water feature (8)
21 Divides (4)
22 Biochemical catalyst (6)
23 Up to date (6)

Down

2 Block of frozen water (3,4)
3 Not competent (5)
4 Unsuitable (13)
5 Tree with large, spiky seed cases (5,8)
6 Mysteries (7)
7 Ready to be poured (2,3)
13 In profusion (7)
15 Placed (7)
17 Decorate; embellish (5)
19 Parental sibling (5)

Crossword 21

Across
1 Beats on a serve (4)
4 High status (8)
8 Spud (6)
9 Powerful (6)
10 Atoll (4)
11 Truly (8)
13 Understanding (13)
16 Modified (8)
19 Share a boundary with (4)
20 Eavesdrop (6)
22 Madden (6)
23 Relinquished (8)
24 Scent-marking substance (4)

Down
2 Street intersection (9)
3 Develop in a promising way (5,2)
4 Historical period (5)
5 Enormous (7)
6 Borders (5)
7 Army bed (3)
12 Tongues (9)
14 Prolongs (7)
15 Schematic (7)
17 Disentangle (5)
18 Anticipate with apprehension (5)
21 Fury (3)

Crossword 22

Across
7 Large-leaved, edible plant (7)
9 All of a group (5)
10 Adult male (3)
11 Button press (9)
12 Flat-topped furniture item (5)
14 To a low degree (3,4)
16 Produced a noise (7)
18 Steadfast (5)
19 Racing dog (9)
20 Slime (3)
21 In unison, musically (5)
22 Immature frog (7)

Down
1 Advances (8)
2 Beijing money (4)
3 Fishing gear (6)
4 'Leave!' (4,2)
5 Restoration (8)
6 Over-the-top publicity (4)
8 Without any question (6,5)
13 Having brown hair (8)
15 Less brave, informally (8)
17 Mexican national flower (6)
18 Pretentious (2-2-2)
19 Intestines (4)
20 Alcoholic drink (4)

Crossword 23

Across

1 Mends (7)
5 Area between the ribs and the hips (5)
9 Child's female child (13)
10 Make-believes (8)
11 Drum volley (4)
12 Capricious (9)
16 Lab bottle (4)
17 At the helm (2,6)
19 Drawings (13)
21 Total (5)
22 Mournful (7)

Down

2 Mistakes (6)
3 Naked (2,7)
4 Curie's gas (5)
6 Tree of the olive family (3)
7 Takes by theft (6)
8 Desktop pointer (6)
11 Parsing again (9)
13 Imbeciles (6)
14 Boneless meat (6)
15 Underlying motive (6)
18 Move on hands and knees (5)
20 Utilize (3)

Crossword 24

Across
1 Routes (5)
4 Woman in a play (7)
9 Vertical clearance (8)
10 Aggressive man (4)
11 Powerful (6)
12 Full-length (5)
13 Covers with sugary coating (4)
15 The day before (3)
16 Hard, white fat (4)
17 First Greek letter (5)
19 Happily (6)
21 Movements of the tide out to sea (4)
22 Everlasting (8)
23 Prose (7)
24 Nerd (5)

Down
2 Ward off (5)
3 Repulsive (7)
5 Digital challenge (8,4)
6 Holy memento (5)
7 Transport back and forth (7)
8 Faith group (12)
14 Room (7)
16 Type of songbird (7)
18 Propose (5)
20 Housing contract (5)

Crossword 25

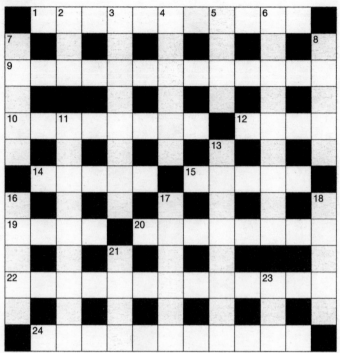

Across
1 First thing to do (3,8)
9 Relating to gardening (13)
10 Responding (8)
12 Counterpart to columns (4)
14 Love (5)
15 Boundary (5)
19 Food given to poor people (4)
20 Abstaining from alcohol (8)
22 Tooth doctor (6,7)
24 The flow of electrons (11)

Down
2 Blade, to a rower (3)
3 Hard-copy devices (8)
4 Large tropical lizard (6)
5 Indian flatbread (4)
6 Violent insurgent (9)
7 Very alert (5)
8 Having plenty of money (5)
11 Relating to the central part of the torso (9)
13 Of momentous importance (8)
16 Deck crew (5)
17 Old Faithful, eg (6)
18 Not yet written on (5)
21 Soft body powder (4)
23 Devour (3)

Crossword 26

Across
1 Concept (4)
4 Profession (8)
8 Removes from a property (6)
9 Sharp pain (6)
10 Appeal (4)
11 Disrespect (8)
13 Description (13)
16 Moves forward (8)
19 Song for two people (4)
20 Karate-like martial art (4,2)
22 Inundates (6)
23 Sets up (8)
24 Team (4)

Down
2 Evolved (9)
3 Antiquated (7)
4 Root; simple (5)
5 Demonic (7)
6 Din (5)
7 Subside downwards (3)
12 Continued (9)
14 Real (7)
15 Boring (7)
17 Persistent worry (5)
18 Separates, as in flour (5)
21 Water vessel (3)

Crossword 27

Across
7 Wonder at (6)
8 Sardonic (6)
9 Head-louse eggs (4)
10 Energizing (8)
11 Subduing (11)
14 *The Exorcist*, perhaps (11)
18 Positioned (8)
19 Encounter (4)
20 Quick peek (6)
21 Bottommost (6)

Down
1 Extreme tiredness (7)
2 Days before (4)
3 Sheep's coat (6)
4 Athletic throwing event (6)
5 Twig (6,2)
6 Instrument with black and white keys (5)
12 Chasing (8)
13 Reciprocal (7)
15 Collect (6)
16 Walk like a baby (6)
17 Cash registers (5)
19 Makes cat sounds (4)

Crossword 28

	1		2		3		4		5		6		7
8								9					
10						11							
15	12				13			14					
16			17			18						19
20	21			22	23					
24				25					

Across

8 Hooded jackets (7)
9 Measuring strip (5)
10 Indian meat ball (5)
11 Begin again (7)
12 Cavalier (5-3-4)
16 Environs (12)
20 Narrow strips of pasta (7)
23 Ensigns (5)
24 Synthetic clothing material (5)
25 Ambulatory (7)

Down

1 Bags (5)
2 Hairdresser (8)
3 Italian sausage variety (6)
4 One running computer software (4)
5 Reliable (6)
6 Simple aquatic plant (4)
7 Set-down on paper (7)
13 The opposite of women (3)
14 Cooked with cheese on top (2,6)
15 Extremely stupid (7)
17 Hooked up to the Internet (6)
18 Completely (2,4)
19 Accepted practice (5)
21 Eye up (4)
22 Planted by scattering (4)

Crossword 29

Across

1 Preserve (3,2)
4 Moral (7)
9 Might be horse? (8)
10 Polynesian shrub used for narcotics (4)
11 Flood (6)
12 Contributes (5)
13 Lemon juice, eg (4)
15 Series of tennis games (3)
16 Give up, as in power (4)
17 'There you go!' (5)
19 Logic (6)
21 Irritates; annoys (4)
22 Expressing gratitude (8)
23 Extract (7)
24 Groom's partner (5)

Down

2 Very pale, as with fright (5)
3 Faulty (7)
5 Dictatorial (12)
6 Make permanent (3,2)
7 Notified (7)
8 Ardent (12)
14 Larks about; frolics (7)
16 Thin, crispy bakery product (7)
18 Edition of a magazine (5)
20 Possessed (5)

Crossword 30

Across

1 Pennies, eg (5,6)
9 Business organizer (13)
10 Creative (8)
12 Tie (4)
14 Ape (5)
15 Extra pay (5)
19 Waffles (4)
20 Press-gang (8)
22 Mainly (13)
24 Kill someone important (11)

Down

2 Silent (3)
3 Rockfall (8)
4 Linked to the universe (6)
5 Light and breezy (4)
6 Experience (2,7)
7 Mix of cold, raw vegetables (5)
8 Scowl (5)
11 Depth (9)
13 Large hill (8)
16 Slender woman (5)
17 Shackles (6)
18 Old record (5)
21 Prolonged medical sleep (4)
23 Express disapproval (3)

Crossword 31

Across

7 Ancient Egyptian ruler (7)
9 Flip over (5)
10 Bird's beak (3)
11 Praiseful (9)
12 Overlaid map enlargement (5)
14 Selected by vote (7)
16 Sparkle (7)
18 Rub vigorously (5)
19 Deceitful (9)
20 Stick out (3)
21 Small branch (5)
22 Of current relevance (7)

Down

1 Outlay (8)
2 Meat from a young sheep (4)
3 Poll (6)
4 Compassionate (6)
5 Journalist (8)
6 In a lazy way (4)
8 Home confinement (5,6)
13 Paper-cutting tool (8)
15 Enter into a conflict (2,6)
17 However (6)
18 Ab crunch exercises (3-3)
19 Fading evening light (4)
20 Knave (4)

Crossword 32

Across
1 Yearn (4)
4 Less dark (8)
8 Broad, city road (6)
9 Justly (6)
10 Chimney accumulation (4)
11 Convince (8)
13 Brain scientists (13)
16 Lays out text (8)
19 Science rooms (4)
20 Real (6)
22 The eighth month (6)
23 Treat on a stick (8)
24 Young girl (4)

Down
2 Plainly (9)
3 Hereditary (7)
4 Censor's sound (5)
5 Conflagration (7)
6 Japanese poem (5)
7 Slippery fish (3)
12 Information repositories (9)
14 Partly cover (7)
15 Against the law (7)
17 Of the same value (5)
18 Envelope payment (5)
21 Speak fondly (3)

Crossword 33

Across
8 Weighing tool (7)
9 Ice house (5)
10 Repeat in summary (5)
11 Green jewel (7)
12 Feasibility (12)
16 Exchange of speech (12)
20 Guarantees (7)
23 Shirk (5)
24 Largest moon of Saturn (5)
25 Sorrow (7)

Down
1 Call off (5)
2 Negative particle (8)
3 Without being asked (2,4)
4 Double rainbow, eg (4)
5 Big-screen venue (6)
6 Lower-arm bone (4)
7 Farewell (7)
13 Uncertainties (3)
14 Separates (8)
15 Admits (7)
17 Small job (6)
18 Fashions (6)
19 On edge (5)
21 Collections (4)
22 Average (2-2)

Crossword 34

Across

1 Roams (7)
5 Float (5)
9 Relatively (13)
10 Form the foundation of (8)
11 Regretted (4)
12 Aiding (9)
16 Youths (4)
17 Examines (8)
19 Thoughtful (13)
21 Likeness (5)
22 Culinary herb related to mint (7)

Down

2 Quantity (6)
3 Dejects (9)
4 In the countryside (5)
6 Spin an engine (3)
7 Creased in half, eg (6)
8 Paved road (6)
11 Painting (9)
13 Least friendly (6)
14 Chaotic disorder (6)
15 Achieve (6)
18 Awesome (5)
20 Take in tow (3)

Crossword 35

Across

7 Rum cocktail (3,3)
8 Revoke a law (6)
9 Burn (4)
10 Redirected (8)
11 In an unbroken sequence (11)
14 Completely plain (11)
18 Pairing (8)
19 Rear of the human body (4)
20 Core (6)
21 Thin cotton cloth (6)

Down

1 Trend (7)
2 Celestial Christmas vision (4)
3 From oranges or lemons (6)
4 Gain (6)
5 Liking (8)
6 Men (5)
12 Moving your feet (8)
13 Seer (7)
15 Three times as much (6)
16 Authoritarian government (6)
17 Strength (5)
19 Most excellent (4)

Crossword 36

Across
7 Heartache (7)
9 Dark-brown pigment (5)
10 Asian cooking sauce (3)
11 The universe beyond the Earth's atmosphere (4,5)
12 Type of subatomic particle (5)
14 Roots (7)
16 Middle (7)
18 Penalties (5)
19 Relating to a bishop (9)
20 Yes vote (3)
21 Claw (5)
22 Moved (7)

Down
1 Type of vinegar (8)
2 Unsightly (4)
3 Infested (6)
4 Mixed cereal breakfast (6)
5 Wearing-away (8)
6 At no cost (4)
8 Egyptian symbols (11)
13 Reasonably (8)
15 Bars temporarily (8)
17 Up to date (6)
18 Collapse, as a roof eg (4,2)
19 Has a meal (4)
20 Opposite of pro (4)

Crossword 37

Across

1 Grain husks (5)
4 Rises in rebellion (7)
9 Woodwind instrument (8)
10 Pull apart (4)
11 One of 28 game pieces (6)
12 Do very well (5)
13 Broad (4)
15 Apiece (3)
16 Without clothing (4)
17 Benefactor (5)
19 Country (6)
21 Car (4)
22 Cut short (8)
23 Goes along to (7)
24 Visitors to a website (5)

Down

2 Greeting (5)
3 Pardon (7)
5 Impresario (12)
6 Relating to the eye (5)
7 Followed (7)
8 Formed into a legal entity (12)
14 Open to question (2,5)
16 Observes (7)
18 Snare (5)
20 Aquatic, fish-eating mammal (5)

Crossword 38

Across
1 Soft, rich milk product (5,6)
9 Even so (2,4,2,2,3)
10 Implanted (8)
12 Precious stones (4)
14 Profits (5)
15 Mixes liquid (5)
19 Specks (4)
20 Toddler's pedal vehicle (8)
22 Regrettably (13)
24 Unfriendly (3-8)

Down
2 Decay (3)
3 Granting (8)
4 Ends (6)
5 Change (4)
6 The same on both sides (9)
7 Receded (5)
8 Wandering person (5)
11 Gorgeous (9)
13 Played with abrupt, short notes (8)
16 General disgust (5)
17 Tries to persuade of something (6)
18 Emerald or aquamarine, eg (5)
21 Dry (4)
23 Barely get by (3)

Crossword 39

Across

8 Decorative paper-folding art (7)
9 Fewest (5)
10 Fragrance (5)
11 Former Greek monetary unit (7)
12 Approval (12)
16 Cornucopia (4,2,6)
20 Gentle rain (7)
23 Relating to hearing (5)
24 Waiflike (5)
25 Large-billed waterbird (7)

Down

1 Ethical (5)
2 Prehistoric animal (8)
3 Wild animal viewing (6)
4 Equal in score (4)
5 South American wool-provider (6)
6 Short race (4)
7 Stretches with great effort (7)
13 Rascal (3)
14 Work in a linked way (8)
15 Less reputable (7)
17 Flowing viscously (6)
18 Make possible (6)
19 Russian pancakes (5)
21 Data (4)
22 Industrial fair (4)

Crossword 40

Across
1 Lack of faith (7)
5 Waste from a carcass (5)
9 University student (13)
10 Break apart (8)
11 Did rip (4)
12 Owned (9)
16 Plants seeds (4)
17 Prone to sudden mood changes (8)
19 Problems; drawbacks (13)
21 Fasten (5)
22 Tooth doctor (7)

Down
2 Cared for (6)
3 Lifts (9)
4 Mathematical summation symbol (5)
6 Winter bug (3)
7 Thespians (6)
8 Irrigates (6)
11 Physical treatment expert (9)
13 Inane (6)
14 Fall asleep (3,3)
15 Identical copies (6)
18 Surplus (5)
20 Greek letter after upsilon (3)

Crossword 41

Across
7 Black magic (6)
8 Functioning (6)
9 Open-topped tart (4)
10 Swap (8)
11 Informative (11)
14 Resulting decisions (11)
18 Coastal land (8)
19 Building entrance (4)
20 Organ rupture (6)
21 A single pen move (6)

Down
1 Conspire (7)
2 Thick Japanese pasta strips (4)
3 Unassuming (6)
4 Pope's envoy (6)
5 Indian ruler's wife, historically (8)
6 Socket counterparts (5)
12 Thwarting (8)
13 Unlatches (7)
15 Beethoven's ninth symphony (6)
16 On edge (6)
17 Visual groove (5)
19 Small, flat-bottomed rowing boat (4)

Crossword 42

Across
7 Deep-seated (7)
9 Upright (5)
10 Backup electricity source (inits) (3)
11 For a limited time (9)
12 Takes in, as a sail (5)
14 Verbally attack (3,4)
16 Bring down (7)
18 Shape edges (5)
19 Literal text extract (9)
20 'Okay' (3)
21 Broker (5)
22 Trash (7)

Down
1 Took place (8)
2 Makes a mistake (4)
3 Combines (6)
4 Get back (6)
5 Was left over (8)
6 'Stop, Rover!' (4)
8 Squeezing (11)
13 Boss (8)
15 Intensely preoccupied (8)
17 Glorifies (6)
18 Various (6)
19 Campus area (4)
20 'All right, then' (4)

Crossword 43

Across

1 Bring something up? (4)
4 In the open air (2,6)
8 Rotten; foul (6)
9 Writing programs (6)
10 Verge (4)
11 Perturb (8)
13 Formal introductions (13)
16 Repositories (8)
19 Really disgusting (4)
20 Also (2,4)
22 Unbroken (6)
23 Computer storage unit (8)
24 Clean; remove dirt from (4)

Down

2 Pillager (9)
3 Employees, eg (7)
4 Helped (5)
5 Pendulous ornamental shrub (7)
6 Senior (5)
7 Metal food container (3)
12 Serious disagreements (9)
14 Originality (7)
15 Asked over (7)
17 Doglike African mammal (5)
18 Malice (5)
21 Prosecute (3)

Crossword 44

Across
1 Said in a grating voice (5)
4 Set of athletic exercises (7)
9 Felon (8)
10 Bring into existence (4)
11 Blood fluid (6)
12 Figure of speech (5)
13 Lump of clay or earth (4)
15 Bar bill (3)
16 Young cow (4)
17 Employing (5)
19 Teaching unit (6)
21 Test version, in software (4)
22 Drew around the edge (8)
23 Someone with no religious faith (7)
24 Stared at longingly (5)

Down
2 Really terrible (5)
3 Gratified (7)
5 Bad temper (12)
6 Carved gemstone (5)
7 Quill pen essential (7)
8 Preferential (12)
14 Noisiest (7)
16 Priced at (7)
18 Angry (5)
20 Extremely corpulent (5)

Crossword 45

Across

1 Dislike of everyone (11)
9 Relating to diverse ethnic groups (13)
10 Paddling through water (8)
12 At a distance (4)
14 Unable to proceed (5)
15 Fish covering (5)
19 Small, U-shaped harp (4)
20 Keep, as in a job (4,4)
22 Reinforcement (13)
24 Removing bacteria (11)

Down

2 Ailing (3)
3 Somewhat excessive (1,3,4)
4 Away from school without permission (6)
5 Frequency (4)
6 Collected body of work (9)
7 Hit violently (5)
8 Drink with a sucking sound (5)
11 Translate (9)
13 Fusion dance music (4,4)
16 Precipice (5)
17 Get-together (6)
18 Absurd (5)
21 Class (4)
23 Hostel (3)

Crossword 46

Across
7 'I've solved it!' (6)
8 Has being (6)
9 Consumed frugally: ___ out (4)
10 To fragments (2,6)
11 Report (11)
14 Multi-projectile munition (7,4)
18 Evaluates (8)
19 Blended meat paste (4)
20 Harsh (6)
21 Hoisted (6)

Down
1 Two-storey sleep furniture (4,3)
2 Loan (4)
3 Toasted Italian sandwiches (6)
4 Brewing crockery (6)
5 Tucked-knees pool entry (4-4)
6 Different (5)
12 Universities (8)
13 Drains (7)
15 Set of things working together (6)
16 Without difficulty (6)
17 Plant with daisy-like flowers (5)
19 Burst of breath (4)

Crossword 47

Across
1 Requires (7)
5 Clock's hourly sound (5)
9 Inconsistent (13)
10 Clear (8)
11 Platform projecting into the sea (4)
12 Ornament (9)
16 Performs an action (4)
17 Abode (8)
19 Subtle (13)
21 Heavily built (5)
22 Nearest (7)

Down
2 Out of the ordinary (6)
3 Settled ways of thinking (9)
4 Sink opening (5)
6 Best-seller (3)
7 Striking (6)
8 One who has suffered harm (6)
11 Deductions (9)
13 Decrease (6)
14 Consign (6)
15 They might be acute or obtuse (6)
18 Kick out (5)
20 Large, flightless bird (3)

Crossword 48

Across

7 Drop away (4,3)
9 Test (5)
10 Evergreen climbing plant (3)
11 Soon (9)
12 Happen after (5)
14 Briefly (2,5)
16 Japanese feudal warrior (7)
18 Real-life picture (5)
19 Strength (9)
20 Possesses (3)
21 Musical speed (5)
22 Not so old (7)

Down

1 Military leaders (8)
2 Pottery material (4)
3 Pair (6)
4 Drives (6)
5 Genius performer (8)
6 Murder (4)
8 Malleability (11)
13 Indications (8)
15 Leg clothing (8)
17 Indiscriminate (6)
18 Principal taxonomic category (6)
19 Ninth letter of the Greek alphabet (4)
20 Witches (4)

Crossword 49

Across

1 Ploy (6)
5 Spread to (6)
8 Store (4)
9 Smarmy (8)
10 Confine (8)
11 Nastily sticky (4)
12 Inert (6)
14 Intertwine (6)
16 As far as (2,2)
18 Annoyance (8)
20 Sycophant (6-2)
21 Camera opening (4)
22 Of the mind (6)
23 Animosity (6)

Down

2 Try (7)
3 Tall, narrow building (5)
4 Constant speed device in an auto (6,7)
5 Bother (13)
6 Of a river (7)
7 Lump (5)
13 Believed (7)
15 Two-wheeled road user (7)
17 Flying vehicle (5)
19 Established truth (5)

Crossword 50

Across
1 Solemnity (11)
9 Praiseful (13)
10 Acclaim (8)
12 Dram (4)
14 Small, water-surrounded area of land (5)
15 Ire (5)
19 Cassette (4)
20 Vehicle wheel alignment (8)
22 Focused attention (13)
24 Meeting break (11)

Down
2 Tree in the genus *Ulmus* (3)
3 Unlucky (3-5)
4 Most extreme (6)
5 Zero (4)
6 Long, stringy pasta (9)
7 Cancel (5)
8 Bodily sacs (5)
11 Delayed (9)
13 Announce publicly (8)
16 Thin piece of fallen wood (5)
17 Author (6)
18 Intense suffering (5)
21 Repeat in a different way (4)
23 A proton, eg (3)

Crossword 51

Across
1 Initial (5)
4 Mathematical plane (7)
9 Badges of office (8)
10 Back of the neck (4)
11 Theatrical smoke (3,3)
12 Ascend (5)
13 Slender woody shoot (4)
15 Chart (3)
16 Prompted an actor (4)
17 Inflexible (5)
19 Grown-ups (6)
21 Sweet, brown, fizzy drink (4)
22 Assign (8)
23 Proficient (7)
24 Alarm call (5)

Down
2 Most remote from the outside (5)
3 Appropriate for (7)
5 Not satisfactory (12)
6 Mushrooms, eg (5)
7 Competent (7)
8 In-between (12)
14 Sorcerer (7)
16 Assembly (7)
18 Eagerly sought-after object (5)
20 Teach (5)

Crossword 52

Across

7 Avoid leaving (4,2)
8 Those acting on behalf of others (6)
9 Folk dances (4)
10 Filed away (8)
11 Confining (11)
14 Thoughtful (11)
18 Broadcast, perhaps (8)
19 They're used to catch fish (4)
20 Repeatedly pester (6)
21 Alarm-call bird (6)

Down

1 Food preparation instructions (7)
2 Large, tailless primates (4)
3 Type of classical music form (6)
4 Small bird of prey (6)
5 Novice (8)
6 Bullock (5)
12 Meticulous (8)
13 Transport stopping place (7)
15 Lampoon (6)
16 Reason out (6)
17 A single leaf of a flower (5)
19 Shaving injury (4)

Crossword 53

Across

1 Elevations (7)
5 Muscular (5)
9 Blundering (8-5)
10 Was present at (8)
11 Type of grain (4)
12 Backed by advertisers (9)
16 Bell sound (4)
17 Portend (8)
19 Tell apart (13)
21 Proverb (5)
22 Tiny amount of money (7)

Down

2 Fire up (6)
3 Popular pet rodent (6,3)
4 Walk (5)
6 Hearing organ (3)
7 Limited (6)
8 Single-room apartment (6)
11 Surgical procedure (9)
13 The countryside in general (6)
14 Cleaned (6)
15 To settle comfortably (6)
18 Particular washing machine cycle (5)
20 Soft, pear-shaped fruit (3)

Crossword 54

Across

1 Microorganism (4)
4 Become successful (2,6)
8 Dominate the thoughts of someone (6)
9 Elastic material (6)
10 Formal legal instrument (4)
11 Leaving out (8)
13 Nuclear emissions (13)
16 Gauged (8)
19 Slays (4)
20 Resist (6)
22 Essay (6)
23 Maladies (8)
24 Pulls (4)

Down

2 Make self-conscious (9)
3 Famous conductors (7)
4 Zest (5)
5 Keep going (7)
6 Superior of a monastery (5)
7 Ogle (3)
12 Informing (9)
14 Question responses (7)
15 Wild (7)
17 Wear down (5)
18 Palm tree fruit (5)
21 Twenty-third Greek letter (3)

Crossword 55

Across

8 Construct again (7)
9 Warning sound (5)
10 Inundated (5)
11 Unusual; different (7)
12 The study of humankind (12)
16 Lack of concern (12)
20 One who mends shoes (7)
23 Profoundness (5)
24 Fruit used for making wine (5)
25 Approval (7)

Down

1 Arrangement (5)
2 Acquired (8)
3 An octave (6)
4 Contributes (4)
5 Become fond of (4,2)
6 Cab (4)
7 Hires for work (7)
13 Classical poem (3)
14 Engaged, as in a room (8)
15 Enclosing wall of the chest (7)
17 Recorded a video (6)
18 Finishing (6)
19 Closes (5)
21 Male swine (4)
22 Speed contest (4)

Crossword 56

Across
1 Assumed name (5)
4 Waterfall (7)
9 Places in front (8)
10 Hairless (4)
11 Muslim spiritual leader (6)
12 Fortunate (5)
13 Day in the middle of the month (4)
15 Crank (3)
16 Metallic vein (4)
17 Relish; dressing (5)
19 Fertilized ovum (6)
21 Corm (4)
22 Coming apart at the seams (8)
23 Knocked unconscious (7)
24 Common false beliefs (5)

Down
2 Immature insect stage (5)
3 Matters (7)
5 Lowest possible temperature (8,4)
6 Involving a third dimension (5)
7 Late (7)
8 Substitutable (12)
14 Revulsion (7)
16 Gently (7)
18 Related to a town (5)
20 The final Commandment? (5)

Crossword 57

Across

1 Sausage sandwich (3,3)
5 Not susceptible (6)
8 Tiny circus performer? (4)
9 Warning (8)
10 Brochures (8)
11 Simple difficulty level (4)
12 Tending to hang loosely (6)
14 Offend (6)
16 Suffers as a result of something (4)
18 Moving very slowly (8)
20 Tropical pink bird (8)
21 Lively folk dance (4)
22 Soak (6)
23 Between first and third (6)

Down

2 Drilled-petroleum site (3,4)
3 Very small person (5)
4 Small, spring-flowering bulb (5,8)
5 Researchers (13)
6 Becomes expert in (7)
7 Standards (5)
13 Mail deliverer (7)
15 Portable lamp (7)
17 More competent (5)
19 Words from a song (5)

Crossword 58

Across

7 Exact copy (7)
9 Long-necked waterbird (5)
10 Crazy (3)
11 Condescend (9)
12 Experience (5)
14 Subject of Newton's first law (7)
16 Large deer (7)
18 Bird's resting place (5)
19 Liable to detonate (9)
20 Shelter (3)
21 Part of a play (5)
22 Hand signal (7)

Down

1 Theatrical (8)
2 Raced (4)
3 Teat (6)
4 Skip over (6)
5 Official list of names (8)
6 Unit of biological information (4)
8 Ascribing (11)
13 Got rid of (8)
15 Attained (8)
17 Reserved, eg as accommodation (6)
18 Gratify (6)
19 On the other hand (4)
20 Praise publicly (4)

Crossword 59

Across

1 Mounted soldiers (7)
5 Learn bit by bit (5)
9 Sharing-out actions (13)
10 Recalled experiences (8)
11 Group of cooperative sports players (4)
12 Author's shares (9)
16 Gambit (4)
17 Family member (8)
19 Employment perk (6,7)
21 Daring trick (5)
22 Full of euphoria (2,1,4)

Down

2 Tolerates (6)
3 Compendium book (9)
4 Healing-hands therapy (5)
6 Flower garland (3)
7 Yearly (6)
8 Beginning (6)
11 The previous century (9)
13 Concurs (6)
14 A piece of cauliflower (6)
15 Managing (6)
18 Pacifist's protest, perhaps (3-2)
20 Religious sister (3)

Crossword 60

Across

1 Repeated musical phrase (4)
4 Cosmetic that's usually red (8)
8 Small pieces of rock (6)
9 Possessors (6)
10 Very large; huge (4)
11 Deletion (8)
13 Begin to make sense (4,4,5)
16 Absorbing (8)
19 Gives a quick punch to (4)
20 Battered seafood dish (6)
22 Grid (6)
23 Motion pictures (8)
24 Old pieces of cloth (4)

Down

2 Generally (2,3,4)
3 Post sent to celebrities (3,4)
4 Cowboy's rope (5)
5 Written condition (7)
6 Minds (5)
7 Contemptible man (3)
12 Engrossing (9)
14 Louder (7)
15 Large, edible crustacean (7)
17 Confess (5)
18 *Pac-Man* and *Mario Bros* (5)
21 Forgetful actor's need? (3)

Crossword 61

Across
7 The sale of goods (6)
8 Conjured up (6)
9 Stimulate (4)
10 Changes (8)
11 Fairly accurate (11)
14 Technical (11)
18 Reuses (8)
19 Throw a fishing line (4)
20 Game bird, ___ fowl (6)
21 Taking place in succession (6)

Down
1 Maybe (7)
2 Breathe hard (4)
3 Culmination (6)
4 Infrequently (6)
5 Wedding paper scraps (8)
6 Old communications service (5)
12 Answering (8)
13 Hive-building material (7)
15 Neckband (6)
16 Provide help (6)
17 Arise from bed (3,2)
19 Find faults (4)

Crossword 62

Across
- **8** Hard rock, sometimes used for work surfaces (7)
- **9** Inbox content (5)
- **10** Stopped (5)
- **11** 'Be quiet!' (7)
- **12** Manor (7,5)
- **16** Unwitting physical cues, perhaps (4,8)
- **20** Schedule details (7)
- **23** Canvases with abstract geometric forms, eg (2,3)
- **24** Strict; meticulous (5)
- **25** Most beautiful (7)

Down
- **1** Concur (5)
- **2** Someone who rents out property (8)
- **3** Obscured (6)
- **4** Allows; permits (4)
- **5** Mental and physical condition (6)
- **6** Reclined (4)
- **7** Claims (7)
- **13** Exercise on a treadmill, perhaps (3)
- **14** Improves (8)
- **15** Assisted with a crime (7)
- **17** Duration (6)
- **18** Perfect place (6)
- **19** Declare (5)
- **21** Unkind (4)
- **22** Not hard (4)

Crossword 63

Across

1 Requested sale value (6,5)
9 Physical convulsion due to the flow of current (8,5)
10 Of the Dark Ages (8)
12 Sound from a vehicle horn (4)
14 Customary (5)
15 Publish (5)
19 Fairy-tale villain (4)
20 Of enormous size (8)
22 Computerized (13)
24 Appraisals (11)

Down

2 Understand (3)
3 As good as certain (2,3,3)
4 Stringed instrument (6)
5 Race around too quickly (4)
6 Tightly bonded (5-4)
7 Regards (5)
8 Jumps a rope (5)
11 Administrative regions (9)
13 Three-sided shape (8)
16 Strength (5)
17 Imperfections (6)
18 Like a reptile's skin (5)
21 Initial bet in poker (4)
23 Gash (3)

Crossword 64

Across
1 Glorify (5)
4 Circus performer (7)
9 Ethnic (8)
10 Bargain (4)
11 Large, crushing snake (6)
12 Nine-voice group (5)
13 Spoken (4)
15 Ceylon, eg (3)
16 Crazes (4)
17 Insignificant (5)
19 Sycophant (3-3)
21 Yoga expert (4)
22 Scoring boundary (4,4)
23 Modifies (7)
24 Radio tuners (5)

Down
2 Particularly inferior (5)
3 Type of shoulder bag (7)
5 January to December (8,4)
6 Relating to bygone times, archaically (5)
7 Expected (7)
8 Reveal (5,2,5)
14 Reply (7)
16 Spiral-shaped pasta pieces (7)
18 Farewell (5)
20 Dissolve (5)

Crossword 65

Across

1 Assign (7)
5 Incorrect; untrue (5)
9 Currently doing (2,3,6,2)
10 Coffee shot (8)
11 'Excuse me' (4)
12 Redirecting (9)
16 The skull, eg (4)
17 Person with a degree (8)
19 Assortment of small items (4,3,6)
21 Unnerve: ___ out (5)
22 Reminds of lines (7)

Down

2 Penalize (6)
3 Or else (9)
4 Designated labels (5)
6 Any whatever (3)
7 Reduced in speed (6)
8 Clever (6)
11 And so on and so on (2,7)
13 Motor (6)
14 Apes (6)
15 Not moving (2,4)
18 In accordance with (2,3)
20 Fluid pouch in an animal (3)

Crossword 66

Across

7 Dinner jacket (6)
8 Change title (6)
9 Extremely small amount (4)
10 Biggest (8)
11 Pointing in the right direction (11)
14 Conjecture (11)
18 Shy (8)
19 Jokers (4)
20 Complete (6)
21 Keepsakes (6)

Down

1 Hot-tasting yellow condiment (7)
2 Believe (4)
3 Fail to remember (6)
4 Imperative (6)
5 Natural impulse (8)
6 Not quite right (5)
12 Very specific (8)
13 Work assignment (7)
15 Wrongdoings (6)
16 Illuminates (6)
17 Mathematical averages (5)
19 Exited slumber (4)

Crossword 67

Across

1 Social bath, perhaps (3,3)
5 Evacuates from a pilot's seat (6)
8 Cut off the outer edge (4)
9 Harshness (8)
10 Fiasco (8)
11 Individual article or unit (4)
12 Creature (6)
14 Periods of darkness (6)
16 Burglar's booty (4)
18 Singing society (4,4)
20 Retailer (8)
21 Suffering from pains (4)
22 Affluence (6)
23 Newest (6)

Down

2 Sustained show of appreciation (7)
3 Eighth Greek letter (5)
4 Gossip network (4,9)
5 Ecological (13)
6 Meriting (7)
7 Appellation (5)
13 Enchanting (7)
15 Contacts (7)
17 In what place? (5)
19 Boat or ship (5)

Crossword 68

Across
1 Expectorate (4)
4 Unsealed mail item (8)
8 Pulls the plug on (6)
9 Hospital carers (6)
10 Short skirt (4)
11 Endurance (8)
13 Self-sustaining chemical process (5,8)
16 Respected and admired (8)
19 Capacity (4)
20 NATO phonetic 'S' (6)
22 Uncle's or aunt's child (6)
23 Covertly (8)
24 Shades (4)

Down
2 Prints (9)
3 End points (7)
4 Histories (5)
5 Red wine mixed with fruit (7)
6 Welsh breed of dog (5)
7 Type of cereal plant (3)
12 Say sorry (9)
14 Uncontrolled (7)
15 Via (7)
17 Fault (5)
18 Publicly denounce (5)
21 Frozen water (3)

Crossword 69

Across
1 Travels through the air (5)
4 A branch of biology (7)
9 Sample (8)
10 Knitted covering for the hand (4)
11 Offer (6)
12 Start afresh (5)
13 Units represented by an omega (4)
15 Did nothing (3)
16 Kids' play items (4)
17 Cart (5)
19 Desolate (6)
21 Wicked (4)
22 Way in (8)
23 Advertise (7)
24 Befuddle (5)

Down
2 Slip-up (5)
3 Converts to a cipher (7)
5 Say well done to (12)
6 Fruit that's high in vitamin C (5)
7 Escape (7)
8 Incarceration (12)
14 In any case (7)
16 Tall beer mug (7)
18 Figure brought to life by magic (5)
20 Nearby (5)

Crossword 70

Across
1 Arranging into a system (12)
8 Desert watering holes (5)
9 Continue doing (5,2)
10 Make a marking on metal (4)
11 Raised stage (8)
14 Surrender (4,2)
15 Display surface (6)
17 Stopped while in progress (8)
18 On a single occasion (4)
20 Weighing more (7)
22 Lawful (5)
23 'Drink up!' (4,3,5)

Down
1 Dance arranging (12)
2 Book jacket (4,5)
3 Aquatic vertebrate (4)
4 Old fortified building (6)
5 Three-panel picture (8)
6 Acorn-bearing tree (3)
7 Independent state (12)
12 From dusk until dawn (9)
13 Answer precursor (8)
16 Quest (6)
19 Used to refer to waffle (4)
21 Before the present (3)

Crossword 71

Across

7 Component (6)
8 Outfits (6)
9 Slender, tubular instrument (4)
10 Whole numbers (8)
11 Temptress (5,6)
14 Retreating (11)
18 Five-sided polygon (8)
19 Misfortunes (4)
20 Not clever (6)
21 Encipher (6)

Down

1 Campaigned (7)
2 Fusion weapon (4)
3 Assistance (6)
4 Group of six (6)
5 One-floor house (8)
6 Reject with contempt (5)
12 Preserve (8)
13 Comprise (7)
15 Loftier (6)
16 Surrounded (6)
17 Living creature (5)
19 Scratch (4)

Crossword 72

1	2		3		4		5		6	7

Across
1 Self-assurance (6)
5 Jabber (6)
8 Defective (4)
9 Dreamt (8)
10 Advanced in rank (8)
11 Spurt (4)
12 Emerged (6)
14 Not present (6)
16 Wind direction indicator (4)
18 Invisible, slippery surface (5,3)
20 Traditional tune (4,4)
21 Requirement (4)
22 Outdoor jacket (6)
23 Intense beams of light (6)

Down
2 Chubbier (7)
3 Make a proposal (5)
4 Basic unit (8,5)
5 Protecting spirit (8,5)
6 Central ship operation areas (7)
7 Creepy looks (5)
13 Orator (7)
15 Fusion power type (7)
17 Nut from an oak tree (5)
19 Male monarchs (5)

Crossword 73

Across
1 Betray (6-5)
9 Relating to the design of buildings (13)
10 Logical (8)
12 Have the courage (4)
14 Farmyard mammary gland (5)
15 Assists in wrongdoing (5)
19 Increased in size (4)
20 Strategic (8)
22 Scarce (2,5,6)
24 Set of laws (11)

Down
2 Tolkien monster (3)
3 Let loose, as in temper (4,4)
4 Smoothed out (6)
5 Learned via repetition (4)
6 Scathing; mocking (9)
7 Twosomes (5)
8 Backstreet (5)
11 Recipient (9)
13 Block (8)
16 One more time (5)
17 Fireplace shelf (6)
18 Engages in fun (5)
21 Central points (4)
23 Expert (3)

Crossword 74

Across

7 Unit of electric charge (7)
9 Spooky (5)
10 Put a question to (3)
11 The status quo (9)
12 Unaffiliated record label (5)
14 Not good at mixing (7)
16 Wandering (7)
18 Type of keyboard instrument (5)
19 Specify (9)
20 Large, dark antelope (3)
21 Wicked happenings (5)
22 Large piece of wood burned at Christmas (4,3)

Down

1 Happening (8)
2 Pout (4)
3 Loll (6)
4 Creamy ice cream (6)
5 Teaching (8)
6 Tax (4)
8 Overly complex administration (11)
13 Relating to the home (8)
15 Tongue (8)
17 Compendium (6)
18 Without concealment (6)
19 Title document (4)
20 18-hole game (4)

Crossword 75

Across
1 Walked (4)
4 Opposite of 'third power' (4,4)
8 Purifies (6)
9 Existing from birth (6)
10 Summit (4)
11 In-depth (8)
13 Involvement (13)
16 Surprised (8)
19 Object word (4)
20 Word formed from a person's name (6)
22 Picturesque (6)
23 Perfumed smokes (8)
24 Camping shelter (4)

Down
2 Disinclined (9)
3 Regional language variation (7)
4 Checked out, as before a robbery (5)
5 Accumulated (5-2)
6 Jewish scholar (5)
7 Be obligated to return money (3)
12 Darwin's expertise (9)
14 Row counterparts (7)
15 Digression (7)
17 Spread of values (5)
18 Drug quantities (5)
21 A play on words (3)

Crossword 76

Across
8 Edible fish or shellfish (7)
9 Inner self (5)
10 System of rules (5)
11 Eavesdrops (7)
12 Heady (12)
16 Abruptly (3,2,1,6)
20 Even more minuscule (7)
23 Pay increase (5)
24 Midday meal (5)
25 Bounces, as in a baby (7)

Down
1 Sacred song (5)
2 On the edge (8)
3 Blanket wrap (6)
4 Worshipped statue (4)
5 Feeling of disgust (6)
6 Long, narrow mark (4)
7 Musical section (7)
13 Opposite of outs (3)
14 Poisonous (8)
15 Not heavenly? (7)
17 Aircraft journey (6)
18 Throughout the course of (6)
19 Crowded together (5)
21 Thousands of millions of years (4)
22 Travel on (4)

Crossword 77

Across
1 Hirsute (5)
4 Fractions of a minute (7)
9 Gradually (3,2,3)
10 Baths (4)
11 Doorkeeper (6)
12 Around (5)
13 Group of countries (4)
15 By way of (3)
16 Become dim (4)
17 Very light wood (5)
19 Relaxed (2,4)
21 Blood coagulation (4)
22 Event (8)
23 Occurs (7)
24 Make someone laugh (5)

Down
2 Mexican friend (5)
3 Like an automaton (7)
5 Unrestrained excess (12)
6 Surpass (5)
7 Discussed (7)
8 Shortened form (12)
14 Flowering bedding plant (7)
16 Liberty (7)
18 Abatement (3,2)
20 Makes vocal music (5)

Crossword 78

Across
7 Writer (6)
8 Snaps (6)
9 Cease (4)
10 Hairstyle (8)
11 Restore (11)
14 Designed to be lived in (11)
18 Surrounded (8)
19 Go against (4)
20 Autobiography (6)
21 Mariner (6)

Down
1 Also (7)
2 Small piece of wood (4)
3 Hunted down (6)
4 Fast run (6)
5 Face up to (8)
6 Movable room barriers (5)
12 Fail to notice (8)
13 Become popular (5,2)
15 Secure against possible loss (6)
16 Firstborn (6)
17 Bay or cove (5)
19 Money to avoid jail (4)

Crossword 79

Across
1 Property location (7)
5 Wanting to scratch (5)
9 Fabricating (13)
10 Casual (8)
11 Sign of good or evil (4)
12 Appraising (9)
16 Refuse (4)
17 Unwinding (8)
19 Involving several countries (13)
21 Church council (5)
22 Untidy, as in hair (7)

Down
2 Completely empties (6)
3 With a loud noise (9)
4 Oiliness (5)
6 Rocky peak (3)
7 Picked up and gave (6)
8 Text format settings (6)
11 Offensive (9)
13 Not in the correct position (6)
14 Assistant (6)
15 Encroach upon (6)
18 Lucky numbers game (5)
20 Likewise (3)

Crossword 80

Across
7 Ocular cleansing lotion (7)
9 Egg-shaped (5)
10 Flower container (3)
11 Battles (9)
12 Encrypted (5)
14 Armed conflict (7)
16 Disperse (7)
18 Manufacturer (5)
19 Gets rid of (9)
20 Japanese carp (3)
21 Blackboard writing stick (5)
22 Pelting (7)

Down
1 Highly regards (8)
2 Undergarment worn on the top half of your body (4)
3 Broke down syntactically (6)
4 More drawn-out (6)
5 Retreat (4,4)
6 Musical scales (4)
8 Idolization (4-7)
13 Oblique (8)
15 Wages (8)
17 Difficult (6)
18 Building with historical exhibits (6)
19 Moves with a curving trajectory (4)
20 Tie together (4)

Crossword 81

Across

1 Lightweight boxing move (4)
4 Falling (8)
8 Filters (6)
9 Happenings (6)
10 Flabbergast (4)
11 Eastern (8)
13 Questioning (13)
16 Aided (8)
19 Barred animal restraint (4)
20 Very poor person (6)
22 Equilibrium (6)
23 Ordinary (3-2-3)
24 Dull throbbing (4)

Down

2 Monet's work, eg (9)
3 Retaliation (7)
4 Dance music (5)
5 Conforming (7)
6 Poetic song of praise (5)
7 Louse sometimes found in hair (3)
12 As well as (5,4)
14 Left office (7)
15 Fugue companion, often (7)
17 Information submitted to a computer (5)
18 Not recently cleaned, perhaps (5)
21 'I've got it!' (3)

Crossword 82

Across
1 Measurement (6)
5 Respond (6)
8 Picks, with 'for' (4)
9 Able to read (8)
10 Together (3,2,3)
11 'What a shame' (4)
12 Panda food (6)
14 Sampled (6)
16 A permanent mark (4)
18 Allowed in to a group (8)
20 Of a court of law (8)
21 Small barrels (4)
22 Motto (6)
23 Financial returns (6)

Down
2 Stores with a wide range of goods (7)
3 Swiss grated potatoes dish (5)
4 Joint effort (13)
5 Without direct control (13)
6 Shrieks (7)
7 Additional (5)
13 Excluding (7)
15 Appeared (7)
17 Barbaric (5)
19 Tea, orange ___ (5)

Crossword 83

Across

1 Latin-American ballroom dance (5)
4 Gadgets, perhaps (7)
9 Persuade (8)
10 Spots on a card (4)
11 Diversion (6)
12 Utters a short, sharp cry (5)
13 Tense, as in muscles (4)
15 Bustle (3)
16 Walks softly (4)
17 Sweet, juicy stone fruit (5)
19 Sudden fear (6)
21 Italian hi and bye (4)
22 Dynamic; thrilling (8)
23 Parts (7)
24 Newly made (5)

Down

2 Certain battery terminal (5)
3 Distribute (4,3)
5 Occasionally (5,2,5)
6 Drive; urge (5)
7 Laid bare (7)
8 Intrusion (12)
14 Sends in a form, perhaps (7)
16 Publishing essential (7)
18 Developed (5)
20 Eyelashes, eg (5)

Crossword 84

Across
1 Predicted (7)
5 Outdo (5)
9 Illumination (13)
10 Upright (8)
11 Sword used when fencing (4)
12 Acquaint (9)
16 Festival; celebration (4)
17 Had as a major aspect (8)
19 Realistic, as landscapes in art (13)
21 Animal groups (5)
22 Propensity (7)

Down
2 Sixteenths of a pound (6)
3 Being (9)
4 Off the cuff (2,3)
6 Periphery (3)
7 Attitude (6)
8 Securely closed (6)
11 Omission (9)
13 Alludes (6)
14 Take away (6)
15 Get back (6)
18 Bounteous (5)
20 Strange (3)

Crossword 85

Across

7 Square pasta parcels (7)
9 Guiding philosophy (5)
10 Alcohol made with juniper berries (3)
11 Startled (9)
12 Pyromaniac's crime (5)
14 Good qualities (7)
16 Behave arrogantly (7)
18 God or goddess (5)
19 Disagreements (9)
20 Thicken; solidify (3)
21 Christmas hymn (5)
22 Hires (7)

Down

1 Computer software (8)
2 Flat and smooth (4)
3 Male child sponsored at a baptism (6)
4 Less far away (6)
5 Word references (8)
6 Completed successfully (4)
8 Lack of due respect (11)
13 Reels (8)
15 Small telescope (8)
17 Bet money on something (6)
18 Plan (6)
19 Vertical stone semicircle (4)
20 Crazy (4)

Crossword 86

Across

7 Metal used in wires (6)
8 Ceremonial fur (6)
9 Circle segments (4)
10 Late evening sky (8)
11 Not precisely given (11)
14 Limiting (11)
18 Broad-minded (8)
19 Battery unit (4)
20 Motivated (6)
21 Most recent (6)

Down

1 Gestures (7)
2 Healthy mineral springs (4)
3 Judge (6)
4 Conviction (6)
5 Impending (8)
6 Ancient Egyptian symbols of life (5)
12 Maintain (8)
13 Unceasing (7)
15 Helps get fit (6)
16 Plan; mean (6)
17 Tennis surface (5)
19 Promises (4)

Crossword 87

Across

1 A wish that is unlikely to come true (7,4)
9 Makers (13)
10 Producing (8)
12 Circular-based geometric solid (4)
14 Groups of players (5)
15 Small, poisonous snake (5)
19 Complains incessantly (4)
20 Rectangle-based graph (3,5)
22 Basically (13)
24 Claims of virtuousness while doing otherwise (11)

Down

2 Personal (3)
3 A very long period, informally (8)
4 Retract (6)
5 Sixty minutes (4)
6 Strange events (9)
7 Artist's protective wear (5)
8 Land masses surrounded by water (5)
11 Crisis (9)
13 Teaches (8)
16 Express contempt, perhaps (5)
17 Profession (6)
18 Remains (5)
21 Saint's aura (4)
23 Tell a fib (3)

Crossword 88

Across

8 Prissy (7)
9 Female reproductive organ (5)
10 Not suitable (5)
11 Experience (7)
12 The art of code-writing (12)
16 Electronic component panel (7,5)
20 Excessively conceited person (7)
23 Denim legwear (5)
24 South American rodent (5)
25 Inner-ear cavity (7)

Down

1 Nozzle (5)
2 Victim (8)
3 Circus tent (3,3)
4 Archaic pronoun (4)
5 Boundary (6)
6 Two equal things (4)
7 Equivalent word (7)
13 Available for purchase (3)
14 Easily carried (8)
15 Biology, eg (7)
17 Peerless (6)
18 Target (6)
19 Type of aquarium cichlid fish (5)
21 Cameo stone (4)
22 Clock's 'tick' counterpart (4)

Crossword 89

Across
1 Noble (6)
5 Sloping font (6)
8 Feature of church architecture (4)
9 Provide with an incentive (8)
10 Side by side (8)
11 Valentine flower (4)
12 Notify (6)
14 Spectacle (6)
16 Ashen (4)
18 Socializes for work purposes (8)
20 Indian prince (8)
21 Let fall (4)
22 Ordained people (6)
23 Twine (6)

Down
2 Justify (7)
3 Alpha's counterpart (5)
4 Working well together (13)
5 Academics, perhaps (13)
6 Hostile (7)
7 Tiny bits (5)
13 Outside; unenclosed (4,3)
15 Not familiar (7)
17 Make use of (5)
19 More senior (5)

Crossword 90

Across
7 Verify (7)
9 Sharp (5)
10 Stain (3)
11 War shout (6,3)
12 Uplift (5)
14 Less transparent (7)
16 Violent windstorm (7)
18 Those who get things done (5)
19 Displaying brilliance (9)
20 Couple (3)
21 Be attracted to (5)
22 Longed for (7)

Down
1 Critical trial step (4,4)
2 Thigh to lower leg joint (4)
3 Workable; possible (6)
4 Spanish rice dish (6)
5 Perforate (8)
6 Company; flock (4)
8 System of analysis (11)
13 Imperious (8)
15 Replies (8)
17 Vexes (6)
18 Disappointment (6)
19 Touch-and-go (4)
20 Do injury to, as in pride (4)

Crossword 91

Across

1 Poorly (5)
4 Perils (7)
9 Palest (8)
10 Expanse (4)
11 Severe (6)
12 Spirit of a culture (5)
13 Mixture of smoke and fog (4)
15 Liable (3)
16 Takes a seat (4)
17 Engraving tools (5)
19 Put garments on (6)
21 In the company of (4)
22 Very personal (8)
23 Is in the right place (7)
24 Statues of gods (5)

Down

2 Look forward to (5)
3 Joining (7)
5 Accuracy; truth (12)
6 Disconcert (5)
7 Recessed (4-3)
8 Making ineffective (12)
14 Bulky and heavy (7)
16 Moved angrily (7)
18 Excited exclamation (5)
20 Place to stay overnight (5)

Crossword 92

Across
1 Peculiarity (7)
5 Quality rating (5)
9 Acting as a memorial (13)
10 Small, freshwater turtle (8)
11 Tough and lean (4)
12 Gaining entry to (9)
16 Buffoon (4)
17 Alleviates (8)
19 Questions, particularly in court (5-8)
21 Battle line (5)
22 Goals (7)

Down
2 Cattleherder (6)
3 Digit-based (9)
4 Reiterate (3,2)
6 Deep groove made by wheels (3)
7 Cause to change course (6)
8 Reproduces on a press (6)
11 Musing (9)
13 Merited (6)
14 Strong aversion (6)
15 Say again (6)
18 Member of the camel family (5)
20 One of seven deadly things (3)

Crossword 93

Across

8 Exclaim (4,3)
9 Ill-suited (5)
10 On no occasion (5)
11 Body of troops (7)
12 Legendary (12)
16 Two-floored bus (6-6)
20 Expressed gratitude (7)
23 Scarcer (5)
24 Rhinal (5)
25 Forcefully put forward, as in an opinion (7)

Down

1 Covering with frozen water (5)
2 Valentine's message (1,4,3)
3 An interval of five semitones (6)
4 Attempt (4)
5 Currently extant (6)
6 Park boundary ditch (2-2)
7 Completely (7)
13 Fronted (3)
14 Most lucid (8)
15 Changing text (7)
17 Probable (6)
18 Arcs (6)
19 Vulgar (5)
21 Further (4)
22 Make a copy of (4)

Crossword 94

1	2		3		4		5		6	7

Across
1 In open view (6)
5 Hovers (6)
8 Union Jack, eg (4)
9 Propensity (8)
10 Hold back (8)
11 There are seven in a week (4)
12 Try hard (6)
14 Principles (6)
16 Slip (4)
18 Stubbornly intent (4-4)
20 Physical, not abstract (8)
21 Town crier's call (4)
22 Flat-bladed oar (6)
23 Distant (6)

Down
2 Least beautiful (7)
3 Lamp (5)
4 Soft and lumpy dairy product (7,6)
5 Annual accounting period (9,4)
6 Late (7)
7 Tasteless (5)
13 Brought on (7)
15 Lax (7)
17 Icelandic currency unit (5)
19 Plant flower (5)

Crossword 95

Across
7 Left out (7)
9 Happen (5)
10 Black-and-white seabird (3)
11 Not wanted (9)
12 Native American tent (5)
14 Fashionable (7)
16 Tightly (7)
18 Work out the total (3,2)
19 Without question (9)
20 A long way (3)
21 Terrific (5)
22 Passages from the mouth (7)

Down
1 Pertaining to love (8)
2 Check mark (4)
3 Become receptive (6)
4 Glob (6)
5 Moved through a digital document (8)
6 Straight (4)
8 Deposit (4,7)
13 Creates (8)
15 Reword (8)
17 Thing (6)
18 Allege (6)
19 Canines (4)
20 Show the effects of strain, as in temper (4)

Crossword 96

Across
1 Biblical law (11)
9 The Black Death (7,6)
10 Computer program fixer (8)
12 Hart (4)
14 Sharp extremity (5)
15 Does not pass (5)
19 Marries (4)
20 Doable (8)
22 Skilled professionals (13)
24 Provocation (11)

Down
2 Celestial body (3)
3 Overseeing (8)
4 Notched (6)
5 White drink, often from cows (4)
6 Disco venue (9)
7 Tolerate (5)
8 Dismiss from a job (3,2)
11 Transmit (9)
13 Identity document (8)
16 Tidied with a brush (5)
17 Subject to death (6)
18 Robbery (5)
21 A flower stalk (4)
23 Id counterpart (3)

Crossword 97

Across
1 Ran away (4)
4 Become inflexible (8)
8 Goodbyes (6)
9 Looks forward to (6)
10 Performs a part (4)
11 Strong drink resembling gin (8)
13 Kitchen device (4,9)
16 Avowed (8)
19 Repeating program code (4)
20 Savage (6)
22 Magical potion (6)
23 Lowers the quality of (8)
24 Keeps control of (4)

Down
2 Absurd (9)
3 Attired (7)
4 Ascends (5)
5 Vivid (7)
6 Sensation; unexpected event (5)
7 Fleshy (3)
12 Suggesting (9)
14 Agitated (7)
15 Egocentric (7)
17 Go-ahead key (5)
18 Accomplishments (5)
21 Bemoan (3)

Crossword 98

Across
1 Illusion (7)
5 Join (5)
9 Artificially forced (7,6)
10 Preparing (8)
11 Instituted legal proceedings (4)
12 Acquired by improper means (3-6)
16 Morays, eg (4)
17 Most vile (8)
19 Questioned an opposing witness (5-8)
21 Committing perjury (5)
22 Browser destination (7)

Down
2 Divine messengers (6)
3 Three-sided shapes (9)
4 Japanese cuisine (5)
6 Trap (3)
7 More concise (6)
8 Jumping chess piece (6)
11 Defines (9)
13 Fragrant spice root (6)
14 Almost (6)
15 Feature (6)
18 Frighten (5)
20 Star (3)

Crossword 99

Across

1 Boundary shrubs (5)
4 Flattens out (7)
9 Destroy with fire (4,4)
10 Bell chime (4)
11 Conservation (6)
12 Potatoes and rice (5)
13 Long, hard journey (4)
15 Pinch (3)
16 Perform karaoke, eg (4)
17 Orchestral stringed instrument (5)
19 Song words (6)
21 Aftersun treatment (4)
22 Ultimately (2,3,3)
23 Explanations (7)
24 Pile (5)

Down

2 Supply (5)
3 Weapons location on a ship (3,4)
5 Local government district (12)
6 Sort into sequence (5)
7 Actual; real (5-2)
8 Reparation (12)
14 Turn around in a circle (7)
16 Snake (7)
18 Auguries (5)
20 Sceptic (5)

Crossword 100

Across

7 Abduct (6)
8 Voids (6)
9 Gaping animal throats (4)
10 So to speak (2,2,4)
11 Camera images (11)
14 Scientific research (11)
18 Substitutes (8)
19 Parody (4)
20 Change into (6)
21 Less at ease (6)

Down

1 Predatory South American fish (7)
2 Small hotels (4)
3 Leaped (6)
4 Aged metal coating (6)
5 Racket-shaped footwear (8)
6 What Britain is a land of, according to Elgar (5)
12 A system of levies (8)
13 Dressed (7)
15 Repeated back (6)
16 Together (2,4)
17 Sugary (5)
19 Deep breath of relief or sadness (4)

Crossword 101

Across
1 Stead (6)
5 Soft fabric (6)
8 Cowardly person (4)
9 Drivel (8)
10 Sensor (8)
11 Flying toy (4)
12 Electronic dance genre (6)
14 Without any detour (6)
16 Devotional painting (4)
18 Financial reports (8)
20 Illicit wall drawings (8)
21 Magnitude (4)
22 Lower land between hills (6)
23 Making a record of (6)

Down
2 Malevolent gaze (4,3)
3 Crunchy green or red fruit (5)
4 Capabilities of software (13)
5 Paradox (13)
6 Hiker (7)
7 Start (5)
13 Smattering (7)
15 Inhabitant (7)
17 About (5)
19 Not yet hardened (5)

Crossword 102

Across

1 Bird often seen in hieroglyphics (4)
4 Packaging for sending (8)
8 Broke like a balloon (6)
9 Lie in an ungainly way (6)
10 Killer whale (4)
11 Idolizes (8)
13 Chances (13)
16 Fictitious (8)
19 Sulk (4)
20 Vertebral (6)
22 Table handkerchief (6)
23 Incidents (8)
24 Drawing near (4)

Down

2 Life history (9)
3 Highest singing voice (7)
4 Bereaved woman (5)
5 Undistinguished person (4-3)
6 Vestibule (5)
7 Unused (3)
12 Taking for granted (9)
14 Made an attempt to deal with (7)
15 Tennis technique (7)
17 Clues (5)
18 Road divisions (5)
21 Zip (3)

Crossword 103

Across

1 Student (7)
5 Transform (5)
9 Make a tough decision (4,3,6)
10 Investigation (8)
11 Enemies (4)
12 Assured (9)
16 Duty (4)
17 Withdraws (8)
19 In time order (13)
21 Reside (5)
22 Individuals (7)

Down

2 Customer (6)
3 Has an aerial view of (9)
4 Charred remains (5)
6 One who goes to bed late (3)
7 Took a furtive look (6)
8 Exploited (6)
11 Visions (9)
13 Couldn't remember (6)
14 No matter what (6)
15 Pressure (6)
18 Particular cut of loin steak (1-4)
20 Lubricate (3)

Crossword 104

Across
1 Like cloud fragments (5)
4 Text revisers (7)
9 Receipts (8)
10 Tussock (4)
11 Small room (6)
12 Tugs (5)
13 Vehicles (4)
15 Greek letter similar to 'P' (3)
16 Advisor (4)
17 Allotted quantity (5)
19 Anxiety (6)
21 Community website (4)
22 Lift (8)
23 Joining together (7)
24 Slumber (5)

Down
2 Just right (5)
3 Pushes down on (7)
5 Sad due to failure, maybe (12)
6 Sum up (5)
7 Declined (7)
8 Below the surface (12)
14 Obtain (7)
16 Type of international post (7)
18 Due (5)
20 Abscond with a lover (5)

Crossword 105

Across
7 Electronic gadget (6)
8 Kind of (2,1,3)
9 Pace (4)
10 Eyelet (8)
11 Anger at an inability to do something (11)
14 Prestidigitation (11)
18 Natural illumination (8)
19 Taunt (4)
20 Type of edible nut (6)
21 Cherry red (6)

Down
1 One hundred years (7)
2 Speech defect (4)
3 Angry mood (6)
4 Consisting of the smallest particles (6)
5 Shower chamber (8)
6 Parable (5)
12 Orthography (8)
13 Grant permission (7)
15 Fourscore (6)
16 Discover (6)
17 Mortal (5)
19 Sudden pull (4)

Crossword 106

Across
8 Touch (7)
9 Colloquialism (5)
10 Drug recovery course (5)
11 Difficult decision (7)
12 Type of common-law writ (6,6)
16 Mental uneasiness (12)
20 Remembers (7)
23 Damp (5)
24 Theme (5)
25 Female siblings (7)

Down
1 Tally (5)
2 Brewing (2,3,3)
3 Small glass sphere (6)
4 Simple ear decoration (4)
5 'I'll make it happen' (4,2)
6 Thin surface layer (4)
7 Mission (7)
13 Underwater vessel (3)
14 Side views (8)
15 Function (7)
17 Open up (6)
18 Least wild (6)
19 Store in a secret place (5)
21 Police (4)
22 Impudence (4)

Crossword 107

Across
1 Remark (11)
9 Relating to matters of the mind (13)
10 Words based on initials (8)
12 To avoid the risk that (4)
14 Unfashionable (5)
15 Kinds (5)
19 Wheel furrows (4)
20 Lessen (8)
22 Overcome with sadness (6-7)
24 Sets up (11)

Down
2 Purchase (3)
3 Improved (8)
4 Amplitude (6)
5 Ancient Roman garment (4)
6 Large musical group (9)
7 Watery mist (5)
8 Vigorous attack (5)
11 Chemical responses (9)
13 Professional magazines (8)
16 Seizes (5)
17 Deadly (6)
18 Detective's prospects (5)
21 Greek letter 'z' (4)
23 Golf-ball holder (3)

Crossword 108

Across

7 Nipped (7)
9 Zing (5)
10 Recede (3)
11 Joined together (9)
12 Steered a car (5)
14 Turns (7)
16 Energetic (7)
18 More certain (5)
19 Disclosing (9)
20 Floor protector (3)
21 Bend (5)
22 Mascara target (7)

Down

1 Added on (8)
2 Small lump of a substance (4)
3 Sentence unit (6)
4 Visual appearance (6)
5 Imitator (8)
6 Put footwear on a horse (4)
8 Ruinous (11)
13 Plant and meat eater (8)
15 Itchy (8)
17 Complained (6)
18 Was audibly wistful (6)
19 Affluent (4)
20 Watery ditch around a castle (4)

Crossword 109

Across
1 Bird limb (4)
4 Pay (8)
8 Elude (6)
9 Absolute truth (6)
10 Silvery white metal (4)
11 Liberty (8)
13 Topsy-turvy (4,4,5)
16 Impacted (8)
19 Exclamation of frustration (4)
20 Floating-balloon gas (6)
22 Ruin, as in a piece of music (6)
23 Gifts (8)
24 Lack of difficulty (4)

Down
2 Notwithstanding (2,5,2)
3 Looked quickly (7)
4 Upright stone slab (5)
5 Igniter (7)
6 What leavened bread is, after baking (5)
7 Afore, poetically (3)
12 Groups of bonded atoms (9)
14 Required dietary nutrient (7)
15 Improve (7)
17 Leaves (5)
18 Jettisons (5)
21 Blunder (3)

Crossword 110

Across

1 Deliver (4,3)
5 Drunken woodland god (5)
9 Very nearly (13)
10 Protected oneself (8)
11 Slow, heavy walk (4)
12 The study of how good different foods are (9)
16 Reveal (4)
17 Sank to a lower level (8)
19 Internal vehicle lamp (8,5)
21 Crop-growing establishments (5)
22 Dramatic genre (7)

Down

2 Tore (6)
3 Oppress (9)
4 Not fair (5)
6 Small, social insect (3)
7 Fade with age (6)
8 Surrounded by (6)
11 Supplying (9)
13 Refreshed (6)
14 Indian pastry (6)
15 Technique (6)
18 Someone who purchases something (5)
20 Drink distilled from molasses (3)

Crossword 111

Across
1 Ballroom dance (5)
4 Made up of digits (7)
9 Simultaneously (8)
10 Coin throw (4)
11 Less attractive (6)
12 Fixes (5)
13 Ova (4)
15 Irregular shaft projection (3)
16 Long, pointed tooth (4)
17 Apply again (5)
19 Asylum seeker (6)
21 Big-band music, eg (4)
22 Give the name of (8)
23 Took as one's own child (7)
24 Kept an engine running, out of gear (5)

Down
2 In the same direction as (5)
3 Smallest taxonomic group (7)
5 Forgotten (12)
6 Ingested (5)
7 Takes a firm stand (7)
8 Typify (12)
14 Flower wreath (7)
16 Rotated (7)
18 Undo a dress, perhaps (5)
20 Certain firearm (5)

Crossword 112

Across

1 In a dormant state (6)
5 Intelligent (6)
8 Cuts with a tool (4)
9 Absolute (8)
10 Leave of absence (8)
11 It replaced the franc and mark (4)
12 Hospital department (6)
14 One or the other (6)
16 Australian river menace (4)
18 Second personality (5,3)
20 Monastery head (8)
21 Pull with a jerk (4)
22 Designated (6)
23 'Finally!' (2,4)

Down

2 Common ocean-side bird (7)
3 Artist's support (5)
4 Way of speaking a word (13)
5 Drainage basin (9,4)
6 Plain (7)
7 The clear sky (5)
13 Core (7)
15 Motors (7)
17 Coarse (5)
19 Relating to a sovereign (5)

Crossword 113

Across
1 Violent, mentally ill people (11)
9 Elucidation (13)
10 Bell sound (4-4)
12 Treeless plain (4)
14 Brush (5)
15 Canvasses opinion (5)
19 Cleans the floor (4)
20 Everyday (8)
22 Fittingly (13)
24 Words rewritten in another language (11)

Down
2 Jamaican musical style (3)
3 Offspring (8)
4 Align in a particular direction (6)
5 Not fully closed (4)
6 The masses (3,6)
7 Vinegar and lemon juice, eg (5)
8 Sneering (5)
11 Daily printed publication (9)
13 Prevailing (8)
16 Besmirch (5)
17 Beer container (6)
18 Asks for help (5)
21 Midday (4)
23 Music with brooding lyrics (3)

Crossword 114

Across
7 Japanese emperor (6)
8 Incapable (6)
9 Cover in paper (4)
10 Interval (8)
11 Fail to work properly (11)
14 Doubt (11)
18 Meditate (8)
19 Stopper (4)
20 Pestilent disease (6)
21 Public statement (6)

Down
1 Confuse written words (7)
2 Gravelly vocal sound (4)
3 Happy and prosperous, as a period (6)
4 Part of a larger group (6)
5 Tubular pasta (8)
6 Tells you the time (5)
12 Verdicts (8)
13 Loyal (7)
15 Pencil remover (6)
16 Finis (3,3)
17 Put up a property (5)
19 Mines (4)

Crossword 115

	1	2		3			4		5		6		7	

Across

1 Large-scale artistic work (4)
4 Imposed (8)
8 Contrition (6)
9 Crushed rocks (6)
10 Nautical speed unit (4)
11 Medical dispensary (8)
13 Coming up (2,3,8)
16 Irrational panic (8)
19 Relating to water (4)
20 Regard with respect (6)
22 Make a contribution (6)
23 Become more intense (8)
24 Things that fail to work properly (4)

Down

2 Gestation (9)
3 Extend (7)
4 Finish a meal (3,2)
5 Vehicle light used in misty conditions (3,4)
6 Domain (5)
7 Lamb's mother (3)
12 Comported (9)
14 Flawless (7)
15 Erudite (7)
17 Even in score (5)
18 Accessory device (3-2)
21 Number cube (3)

Crossword 116

Across

1 Official decree (5)
4 Compounds and substances scientist (7)
9 Relating to former overseas rule (8)
10 Clothes (4)
11 Breaks into parts (6)
12 All of (5)
13 Pointed animal tooth (4)
15 Sunbeam (3)
16 Walking track (4)
17 Agave with sharp leaves (5)
19 Forceful forward flow (6)
21 Mosque prayer leader (4)
22 Demanded (8)
23 Obvious (7)
24 Bank official (5)

Down

2 Begin to wilt (5)
3 Shutting (7)
5 Rehabilitation venue (7,5)
6 Subway (5)
7 Section (7)
8 Thesis (12)
14 Awful (7)
16 Sunshade (7)
18 Celestial body with a tail (5)
20 Contemptuous remark (5)

Crossword 117

Across
1 Endures (7)
5 Maltreat (5)
9 Generous and benevolent (13)
10 Is made up (8)
11 Observes (4)
12 Principal church (9)
16 'Look this way!' (4)
17 Pass (4,4)
19 Ambitious and go-getting (4-9)
21 Anthems (5)
22 Discovers (7)

Down
2 Release from a catch (6)
3 Identical in size (4-5)
4 Goes on and on (5)
6 Prefix meaning 'relating to life' (3)
7 Wearing smart clothes, perhaps (6)
8 Carried out in stages (6)
11 Ornate (9)
13 Mix socially (6)
14 Put right (6)
15 Go back (6)
18 Small, green, oval fruit (5)
20 Bog (3)

Crossword 118

Across
1 Successes (12)
8 It may be Bengal or Siberian (5)
9 Tropical cyclone (7)
10 Headland (4)
11 With dignity, musically (8)
14 Observing (6)
15 Sketches (6)
17 Adjusted (8)
18 Shades of brown (4)
20 Disregard (7)
22 Motif (5)
23 Official execution order (5,7)

Down
1 Amazement (12)
2 Happening very quickly (4-5)
3 Be worthy of (4)
4 Background actors (6)
5 Revelation (8)
6 Possible die decision (3)
7 Contradictory (12)
12 Not on film (3,6)
13 Currently operating (2,6)
16 Confer (6)
19 Mix (4)
21 Expression of surprise (3)

Crossword 119

Across

7 Corn-cutting tool (6)
8 Discharge cargo (6)
9 Expertly (4)
10 Defer (8)
11 For no good reason (11)
14 Very tall buildings (11)
18 Game with blanks and doubles (8)
19 Chrysalis-stage insect (4)
20 Language (6)
21 Hire (6)

Down

1 Hazel tree (7)
2 Approve (4)
3 Salt counterpart (6)
4 Type of neutron star (6)
5 Abruptly change policy (4-4)
6 Threads (5)
12 Vague notions (8)
13 Noble gas used in lasers (7)
15 Depicted (6)
16 Dashes (6)
17 Element with atomic number 5 (5)
19 Dad (4)

Crossword 120

Across
1 Froth (4)
4 Hated (8)
8 Takes in a child (6)
9 Assert (6)
10 Vivacity (4)
11 One and all (8)
13 Difficult introductory period (7,2,4)
16 Biological partition (8)
19 Seaweed-based food thickener (4)
20 Handbook (6)
22 Belonging to a foreign culture (6)
23 Incidentally (2,3,3)
24 Warp (4)

Down
2 Pledge (9)
3 Patronage (7)
4 Passage between seats (5)
5 Dismissal (5-2)
6 Olympic athletic event (5)
7 Yellow and white source of protein (3)
12 Story (9)
14 Lacking depth (7)
15 Brief shows of light (7)
17 Light touch (5)
18 Foe (5)
21 At all, as in 'is never ___ good' (3)

Crossword 121

Across
1 Compact mountain group (6)
5 Retreat (2,4)
8 Reflected sound (4)
9 Aligned (8)
10 Sencha or Longjing (5,3)
11 Party to (2,2)
12 Large countryside land area (6)
14 Fingers (6)
16 Ewe's-milk cheese (4)
18 Direct encounter (3-2-3)
20 System of dates (8)
21 Starts a golf round, with 'off' (4)
22 Two-channel audio (6)
23 Vehicular acceleration (6)

Down
2 Treaties (7)
3 Push (5)
4 Immediately upon starting (4,3,4,2)
5 Suffer stoically (4,3,4,2)
6 Key finance industry (7)
7 Statement of beliefs (5)
13 Non-professional (7)
15 Digs a passageway (7)
17 Pass, as a law (5)
19 External (5)

Crossword 122

Across
8 Foment (7)
9 Away from the main body (5)
10 Muslim body covering (5)
11 Diminish the value of, with 'from' (7)
12 Subsequent reflection (12)
16 Behaving like a dignified ruler (12)
20 Decreasing in speed (7)
23 Annoyed; bothered (5)
24 Shade of violet (5)
25 Pleasing to the ear (7)

Down
1 Domestic cat (5)
2 Pellet gun (3,5)
3 Be in charge of (6)
4 Cope (4)
5 Skin image (6)
6 Type of 1960s lamp (4)
7 A written law (7)
13 Adhere to (3)
14 Free ball in soccer (4,4)
15 Biblical letter (7)
17 Stupidity (6)
18 Desire a drink (6)
19 Curiously (5)
21 Exclusively (4)
22 Pastes (4)

Crossword 123

Across

1 Involuntary muscle contraction (5)
4 Freezing (3-4)
9 Abstract ideas (8)
10 Charged atoms (4)
11 Part two (6)
12 Replace the internals of (5)
13 Apparel (4)
15 Gear (3)
16 Diplomacy (4)
17 Opposite of credit (5)
19 Being one-dimensional, as of a
   quantity (6)
21 Encourage wrongdoing (4)
22 Extended work period (8)
23 Let go of something (7)
24 Commerce (5)

Down

2 Show (5)
3 Fail to resist temptation (7)
5 Till (4,8)
6 Tribal leader (5)
7 Extremely foolish (7)
8 Computer software (12)
14 Loud enough to be heard (7)
16 Device for grilling bread (7)
18 Immerse in liquid so as to clean (5)
20 Equipped (5)

Crossword 124

Across
7 Butt of jokes (6)
8 Dress in vestments (6)
9 Small shot of spirits (4)
10 Window covers (8)
11 Disregard; distraction (11)
14 Thorough investigation (11)
18 Improves (8)
19 Pig meat (4)
20 Flaw (6)
21 Less tough (6)

Down
1 Gazing (7)
2 Dire prophecy (4)
3 Save from danger (6)
4 Confidential information (6)
5 Irrational reaction (5-3)
6 Black piano-key wood (5)
12 Someone paying government duties (8)
13 Anxious (7)
15 Situate (6)
16 Dared (6)
17 Reference listing (5)
19 Small bunch of flowers (4)

Crossword 125

Across

7 Dispatched (7)
9 Concert venue (5)
10 Slippery (3)
11 Ancient combatant (9)
12 Go fishing (5)
14 Completed a purchase, perhaps (7)
16 Foreign oddities (7)
18 Shot from a bow (5)
19 Respiring (9)
20 Scrooge's cry, '___! Humbug!' (3)
21 Roman marketplace (5)
22 Everlasting (7)

Down

1 Guess (8)
2 Large, showy flower (4)
3 Highest point (6)
4 Assorted (6)
5 College tutor (8)
6 Wig material (4)
8 Wanted poster message (4,2,5)
13 It may be Euclidean, perhaps (8)
15 Type of ski race (8)
17 Eventually (2,4)
18 Reasoned (6)
19 Sharp punch, informally (4)
20 Cause of great distress (4)

Crossword 126

Across
1 Indigenous groups (6)
5 Huggable (6)
8 Tense (4)
9 Advantages (8)
10 Type of guitar (8)
11 A hundredth of a euro (4)
12 Allot (6)
14 Choosing (6)
16 Stay overnight in a tent (4)
18 Filled with a creative urge (8)
20 Annul (8)
21 Nail tool (4)
22 Slick (6)
23 Strain (6)

Down
2 Boils so as to thicken (7)
3 Marshy lake or river outlet (5)
4 To a great extent (13)
5 The state of being aware (13)
6 Shortage (7)
7 Ancient Roman language (5)
13 Brings about by authority (7)
15 Provokes (7)
17 Pivotal (5)
19 Conclude (5)

Crossword 127

Across

1 Flightless bird (4)
4 Agreeable (8)
8 At some point (3,3)
9 Sufficient (6)
10 Animal-catching device (4)
11 Bodily exertion (8)
13 Oppressive (13)
16 Finicky (8)
19 Concern (4)
20 From the top, in music (2,4)
22 They might be soap or comic (6)
23 Publishes (8)
24 Fastens a knot (4)

Down

2 Inflatable hose inside a tyre (5,4)
3 Highly detailed (2,5)
4 Someone receiving money (5)
5 Primary constituent of matter (7)
6 Showing no emotion (5)
7 Repeatedly pester someone (3)
12 Flight of steps (9)
14 Limited food supplies (7)
15 Most affluent (7)
17 Stop sleeping (5)
18 Prepares hot food (5)
21 Mature (3)

Crossword 128

Across
- **8** Sentiment (7)
- **9** Poppy-derived narcotic (5)
- **10** Attractive young woman (5)
- **11** Triumph (7)
- **12** Preservation (12)
- **16** Numeric constants (12)
- **20** Infers (7)
- **23** Cleanse (5)
- **24** Frequently (5)
- **25** Execute (7)

Down
- **1** Quiet; calm (5)
- **2** Page-bottom information (8)
- **3** Arm muscles (6)
- **4** Small crawling insects (4)
- **5** 'You fell for it!' (6)
- **6** Ascend (4)
- **7** Comical (7)
- **13** Bird of myth (3)
- **14** Domestic (8)
- **15** Eight-sided shape (7)
- **17** Extreme shortage of food (6)
- **18** Run out (6)
- **19** Appears (5)
- **21** Position (4)
- **22** Drains (4)

Crossword 129

Across
1 Malfunction (2,5)
5 Very short tribesman (5)
9 Fortification (13)
10 Send somewhere else (8)
11 Sell via a machine (4)
12 Bringing to an end (9)
16 Design (4)
17 Ready (8)
19 Companies and other groups (13)
21 Type of poplar (5)
22 Trip (7)

Down
2 Followed orders (6)
3 Delivery (9)
4 Not a single person (2,3)
6 'Great food!' (3)
7 Coal extraction industry (6)
8 Put an end to (6)
11 Defacing of property, eg (9)
13 Damage (6)
14 Sirens (6)
15 Dog shelter (6)
18 Speak highly of (5)
20 Dined (3)

Crossword 130

Across
1 Tennis hits (5)
4 Common misconception (7)
9 Baseless suspicion of others (8)
10 Handle roughly (4)
11 Influenced (6)
12 Rips (5)
13 Copied (4)
15 Bath vessel (3)
16 Chilly (4)
17 Ornamental headdress (5)
19 Came back down to earth (6)
21 Isolated, flat-topped hill (4)
22 Keyboard star (8)
23 Climbs up (7)
24 Head coverings (5)

Down
2 Shrub of genus *Erica*; open country (5)
3 Ensnared (7)
5 Malleability (12)
6 Subsidiary theorem in a proof (5)
7 Advice (7)
8 Ultimate ideal (4,8)
14 Pouches on a garment (7)
16 Spirited, as a musical direction (3,4)
18 Make a speech (5)
20 Became less severe (5)

Crossword 131

Across

7 Inexpensive restaurant (6)
8 Long-legged wading bird (6)
9 Cut using sharp blows (4)
10 Emerged (8)
11 Legal proceedings against someone (11)
14 Activity overseers (11)
18 Lie on the beach, eg (8)
19 Relax (4)
20 Evening meal (6)
21 Degree (6)

Down

1 Zealot (7)
2 At the summit of (4)
3 Tiled picture (6)
4 Fabric floor covering (6)
5 Glossy red fruit (8)
6 Typed (5)
12 Deliberately excluding (8)
13 Occurring (7)
15 Proceeds to a room, perhaps (6)
16 Spectator (6)
17 Dutch bulb (5)
19 Solemn act (4)

Crossword 132

¹	²		³		⁴	⁵		⁶		⁷

Across
1 Three feet (4)
4 Game with a diamond-shaped circuit (8)
8 Believes in (6)
9 Angers (6)
10 Fashionable young man (4)
11 Move (8)
13 Nervous fear (6-7)
16 Draws in (8)
19 Shafts of light (4)
20 Depressed area (6)
22 Three-legged support (6)
23 Gets back (8)
24 Men (4)

Down
2 Understanding (9)
3 Trouble (7)
4 Pester (5)
5 Frankfurter (7)
6 Double-deckers, eg (5)
7 Permit (3)
12 All people (9)
14 Wall in (7)
15 Shouting commands (7)
17 Relation between two amounts (5)
18 Locates (5)
21 Shade (3)

Crossword 133

Across

1 Intermeshed (6)
5 Ways to employ a word (6)
8 Soft and lustrous, as skin (4)
9 Environs (8)
10 Advance strategy (4,4)
11 Classic round spinning toy (2-2)
12 Incite (4,2)
14 Fully entangled with a situation (2,4)
16 Leak slowly (4)
18 Proof (8)
20 Sunbed alternative (5,3)
21 Boxing match (4)
22 Unwind (6)
23 Attorney (6)

Down

2 Chic (7)
3 Verse (5)
4 Educational (13)
5 Absolute (13)
6 Bothered (7)
7 The act of coming in (5)
13 Supersede (7)
15 Keep out (7)
17 Come to maturity (5)
19 Arm joint (5)

Crossword 134

Across
7 Surgery pincers (7)
9 Be cyclical (5)
10 Purpose (3)
11 Fixing software (9)
12 Secret lover (5)
14 Foes (7)
16 Teachings (7)
18 Played, as in with an idea (5)
19 Portrays (9)
20 Cut (3)
21 Make a promise (5)
22 In the same way (7)

Down
1 Despite anything else (5,3)
2 Network of crossing lines (4)
3 Perform (6)
4 Braking parachute (6)
5 Recreational pursuit (8)
6 Medicine (4)
8 Capable of going underwater (11)
13 Preoccupies (8)
15 Obliquely (8)
17 Planetarium (6)
18 Handkerchief alternative (6)
19 Prescribed amount (4)
20 Tiller (4)

Crossword 135

Across
1 Souls (7)
5 Treat (5)
9 Normally (13)
10 Greeted (8)
11 Domestic animals (4)
12 Uncomfortable (3,2,4)
16 Fibrous (4)
17 Student assignment (8)
19 Germ-protective (13)
21 Uttered (5)
22 Relied upon (7)

Down
2 Supply (6)
3 Fundamentally (9)
4 Spiritual emblem (5)
6 Female reproductive cells (3)
7 Enlarge (6)
8 Quick sketch (6)
11 Secure login texts (9)
13 Hindu retreat (6)
14 Enlist (4,2)
15 Secret (6)
18 Measuring device (5)
20 Write in (3)

Crossword 136

Across
1 Consider an action (5,3,4)
8 Roof apex line (5)
9 Free from restraint (7)
10 Seed-bearing cereal heads (4)
11 Unusual (8)
14 Mostly useless information (6)
15 Waterproof overshoe (6)
17 Performs surgery (8)
18 Loud, unrestrained call (4)
20 Practical, not theoretical (7)
22 Banishment (5)
23 Necessities (12)

Down
1 Intended for prisoner rehabilitation (12)
2 Stress (9)
3 Tall plant with a trunk (4)
4 Dwellings (6)
5 Referring to the basic element of organisms (8)
6 Heated and aerated pool (3)
7 Investors (12)
12 Separation (9)
13 Italian dessert (8)
16 A guard against impact (6)
19 Period in office (4)
21 Circular chart type (3)

Crossword 137

Across

8 Hotel availability (7)
9 Respond (5)
10 Broadcast audio (5)
11 Gravitas (7)
12 Flaw (12)
16 Own up (4,3,5)
20 Neglected (7)
23 Instruct (5)
24 Large bird of prey (5)
25 Makes sorrowful (7)

Down

1 Tusk substance (5)
2 Related to education (8)
3 Have recourse to, as in a law (6)
4 Not naturally blonde, perhaps (4)
5 Awful (6)
6 Arabian river valley (4)
7 Remaining (7)
13 Charge (3)
14 Simulated (8)
15 Workplaces (7)
17 Rotated (6)
18 Messy (6)
19 Pursue (5)
21 Forbidden (2,2)
22 School table (4)

Crossword 138

Across

7 Champagne and juice drink (6)
8 Contract (6)
9 Deep hollow (4)
10 Arrows (8)
11 Periodicals (11)
14 Comprehends (11)
18 Depth measurement (8)
19 Ordinary people (4)
20 Hinder progress (6)
21 Cream-filled cake (6)

Down

1 Illustrations (7)
2 Upper-class twit (4)
3 Black-and-white bird (6)
4 Take a firm stand (6)
5 Measures; standards (8)
6 Many minutes (5)
12 Words with very similar meanings (8)
13 Extremely happy (7)
15 Went out (6)
16 Translated for the deaf, perhaps (6)
17 Fence poles (5)
19 Perceived (4)

Crossword 139

Across

1 Surrounded by (4)
4 Type of book (8)
8 Mentally prepares for a task, with 'up' (6)
9 Consecrated oil (6)
10 Former Italian currency unit (4)
11 Conceive of (8)
13 Decay (13)
16 Pupils (8)
19 Dawdles (4)
20 Combated (6)
22 Wimbledon sport (6)
23 Required (8)
24 Not in any danger (4)

Down

2 Send to the wrong place (9)
3 Give orders (7)
4 Urgency (5)
5 Regain strength (7)
6 Feathered animals (5)
7 Type of lettuce (3)
12 Exclamation of surprise (4,5)
14 Caught fire (7)
15 Natural aptitudes (7)
17 Church tenets (5)
18 Positioned (5)
21 Just less than two (3)

Crossword 140

Across

1 Resembling verse (6)
5 Set up tents (6)
8 Fresh-food products counter (4)
9 Dietary requirements (8)
10 Wood or iron, eg (4,4)
11 Away from the expected course (4)
12 Intervene (4,2)
14 Put in (6)
16 Goad (4)
18 Innate (8)
20 'Sorry' (6,2)
21 Reduce, as in number (4)
22 A direction and magnitude (6)
23 Manger (6)

Down

2 Unfold (4,3)
3 One who steals (5)
4 Road designer (5,8)
5 Business institution (13)
6 Directional instrument (7)
7 Lesser (5)
13 Chase (7)
15 Wandering over a wide area (7)
17 Small fairy (5)
19 Like a blast from the past (5)

Crossword 141

Across
7 Frenzied (7)
9 Drip saliva (5)
10 Expression of surprise (3)
11 Arms smuggler (9)
12 Timpani, eg (5)
14 Remove (7)
16 Unfreeze (7)
18 Aircraft detection system (5)
19 Vivid (9)
20 More than one but less than several (3)
21 Criminal (5)
22 Gradual destruction (7)

Down
1 Insulted (8)
2 Speak (4)
3 Performance platforms (6)
4 Modify (6)
5 In the direction of a lower level (8)
6 Aspersion (4)
8 Pay attention (11)
13 In an unjust manner (8)
15 Lobbing (8)
17 Staring lecherously (6)
18 Quantitative relations (6)
19 Polish (4)
20 Free from bias (4)

Crossword 142

Across

8 Contrast (7)
9 Modify (5)
10 Exhorted (5)
11 Omitted (7)
12 Spy gatherings (12)
16 Terminated (12)
20 Intoxicating drink (7)
23 Luxurious Roman residence (5)
24 Devotee (5)
25 Estimated (7)

Down

1 Scrub hard (5)
2 Conceives of (8)
3 Manage (6)
4 Honey gatherers (4)
5 Attempting to beat (6)
6 Twist (4)
7 Learned (7)
13 Burning (3)
14 Gratuitous (8)
15 In a perfect way (7)
17 Not these (6)
18 Sea forces (6)
19 Bamboo-eating animal (5)
21 Natural chamber in a cliff (4)
22 Drags (4)

Crossword 143

Across

1 To start with (2,5)
5 Greeting letters (5)
9 Form an idea of (13)
10 Scarcity (8)
11 Noises (4)
12 Confirming (9)
16 Hang around (4)
17 Sowing (8)
19 Like a Newtonian force (13)
21 Cog projection (5)
22 Struggle, as with a problem (7)

Down

2 Prize cup (6)
3 Wrong (9)
4 Monochrome photo shade (5)
6 Become ill (3)
7 Sets of twelve (6)
8 Immensely (6)
11 Money given to charities (9)
13 Loads (6)
14 Coiffure (6)
15 Imply (6)
18 Player (5)
20 Person who treats sick animals (3)

Crossword 144

Across

7 Fleet of warships (6)
8 Small, crawling insect with pincers (6)
9 Skid (4)
10 Barely (8)
11 Data (11)
14 Things you are aware of through your senses (11)
18 Creating some early text (8)
19 Stop talking, with 'up' (4)
20 Engross (6)
21 Source (6)

Down

1 Extend the duration of (7)
2 Pack down firmly (4)
3 Fragrant perfume base (6)
4 Leave (6)
5 Cabbage relative (8)
6 Christian writings (5)
12 Spillage (8)
13 Dwell in (7)
15 Goes up a ladder (6)
16 Common type of dove (6)
17 Babies' beds (5)
19 Lower jaw (4)

Crossword 145

Across

1 Dedicated poems (4)
4 Convinced; practically certain (8)
8 Releases (6)
9 Nailing tool (6)
10 Take hold of something roughly (4)
11 Flying machine (8)
13 Arousing disapproval (13)
16 Send a signal (8)
19 Linseed producer (4)
20 Bicycle seat (6)
22 Basement (6)
23 Revised text versions (8)
24 Creative skills (4)

Down

2 Someone giving a detailed account (9)
3 Short facial hairs (7)
4 Turkish title (5)
5 Playful musical movement (7)
6 Stopwatch, eg (5)
7 Compete (3)
12 Disintegrate (4,5)
14 Violent storm (7)
15 Flowering plant grown as fodder (7)
17 Absolute low (5)
18 Small nails (5)
21 Bitter (3)

Crossword 146

Across

1 Expel (5)
4 Lengthy undertaking (7)
9 Limits (8)
10 Hobble (4)
11 Long-haired goat wool (6)
12 Chambers (5)
13 Shortly (4)
15 Hydraulic lifting machine (3)
16 'Forever!' (4)
17 Decreases in size (5)
19 Placed inside another object (6)
21 No more than (4)
22 Meant (8)
23 Communication (7)
24 Get started with gusto (3,2)

Down

2 Female fox (5)
3 Animated drawing (7)
5 Distinguish (12)
6 Artillery burst (5)
7 As a single group (2,5)
8 Causing social discomfort (12)
14 Not any location (7)
16 Failure to attend (7)
18 Musts (5)
20 Incident (5)

Crossword 147

Across

7 Porch (7)
9 Solo (5)
10 Definitely not new (3)
11 At which point (9)
12 Snooped (5)
14 At the front (7)
16 Hair detergent (7)
18 Mocks (5)
19 Disgusting (9)
20 Payable (3)
21 Musical style (5)
22 Protected (7)

Down

1 Nominates (8)
2 Reared (4)
3 Seen (6)
4 Photo-taking device (6)
5 Include (8)
6 Horse's restraint (4)
8 Failing to notice (11)
13 Suffering from extreme hunger (8)
15 Be in a relationship (2,6)
17 Beats (6)
18 Picture puzzle requiring assembly (6)
19 Fury (4)
20 Fellow (4)

Crossword 148

Across
1 Remove (6)
5 Anticipate (6)
8 Paint without care (4)
9 Venue (8)
10 Large, burning torch (8)
11 Ambience; mood (4)
12 Biochemical tests (6)
14 Permits (6)
16 *The Odyssey*, eg (4)
18 Large, trunked animal (8)
20 CD precursor (8)
21 Formal high-school dance (4)
22 Obscenity checker (6)
23 Beat decisively (6)

Down
2 Provides the means for (7)
3 Collection of songs (5)
4 In chaotic haste (6-7)
5 Supporting actions (13)
6 Potential problem (7)
7 Group of singers (5)
13 Charges (7)
15 Wall openings (7)
17 Stage (5)
19 Extremely energetic (5)

Crossword 149

Across
7 Irrational fear (6)
8 Purpose (6)
9 Medical photo (1-3)
10 Oubliettes (8)
11 Haughty (5-6)
14 Altered (11)
18 Illuminating (8)
19 Mature (4)
20 Continuous, gradually tightening curve (6)
21 Chows down (6)

Down
1 In need of water (7)
2 Follow orders (4)
3 Toughen (6)
4 Outdoor meal (6)
5 And so on (2,6)
6 Upright (2,3)
12 Plumage (8)
13 Took away (7)
15 Frozen water drops (6)
16 Strongly encouraging (6)
17 Insolent (5)
19 Substance of a speech (4)

Crossword 150

Across

1 Curved fruit (7)
5 Brazilian dance (5)
9 Alikeness (13)
10 Ensures the implementation of a rule (8)
11 Large, wide-mouthed jug (4)
12 Observers (9)
16 Suspend (4)
17 Selfless concern (8)
19 Described in terms of its distinctive features (13)
21 Something of value (5)
22 Significance (7)

Down

2 Nearby (6)
3 Sanctioning (9)
4 Loft (5)
6 Leather-piercing tool (3)
7 Pancake mix (6)
8 Mistreats (6)
11 Performance of a task (9)
13 Subtlety (6)
14 Rushes (6)
15 To the rear, on a ship (6)
18 When repeated, a comforting phrase (5)
20 Caviar, eg (3)

Crossword 151

Across

1 Common crustacean (4)
4 Safety (8)
8 Globe (6)
9 Beginner (6)
10 Mathematical positions (4)
11 Military exercise (5,3)
13 Definitive (13)
16 Goes down (8)
19 Ordinary value (4)
20 A fund held in trust (6)
22 Cattle keeper, eg (6)
23 Strongly scented purple flower (8)
24 Sandwich dressing (4)

Down

2 Bear young (9)
3 Flaw (7)
4 Ledge (5)
5 Transform (7)
6 Spouted gibberish (5)
7 Involuntary muscular contraction (3)
12 Detrimentally (9)
14 Rejuvenated (7)
15 Cut-paper puzzle (7)
17 Hex (5)
18 More secure (5)
21 Adriatic, eg (3)

Crossword 152

Across

7 Ancestry (7)
9 Evade (5)
10 Swear (3)
11 Addressee (9)
12 Current craze (5)
14 Futile (7)
16 Educational award (7)
18 Someone who looks after horses (5)
19 Pecuniary (9)
20 Chum (3)
21 Mix of yellow and blue (5)
22 Planted areas (7)

Down

1 Raised (8)
2 Powdery precipitation (4)
3 Intense dislike (6)
4 Place of worship (6)
5 Self-critical conscience (8)
6 Undiluted (4)
8 Supporting (11)
13 Costs incurred (8)
15 Most basic (8)
17 Possessing (6)
18 In profusion (6)
19 Heavy mists (4)
20 Bard (4)

Crossword 153

Across
1 Monks' home (5)
4 Victory (7)
9 Within the body (8)
10 Horn sound (4)
11 Meaningless words (3,3)
12 Trio (5)
13 Fruit or vegetable skin (4)
15 Opposite of 'to'? (3)
16 Ostentatiously into visual media (4)
17 Take as one's own (5)
19 Postage tokens (6)
21 Leg or arm (4)
22 Edifice (8)
23 Small falcon (7)
24 Even more strange (5)

Down
2 Guitar-family instrument (5)
3 Round part in the human vision system (7)
5 Connection (12)
6 Court official (5)
7 Defend (7)
8 Not worth doing (12)
14 Inspect thoroughly (7)
16 Bestowed (7)
18 Circle around (5)
20 Parts of a pound (5)

Crossword 154

Across

7 Indian pastry (6)
8 Spaghetti-like strip of pasta (6)
9 Choke up (4)
10 Cooking measurement (8)
11 Intelligentsia (11)
14 Continue to fool (6,5)
18 Deliberate damage (8)
19 Daily water movement (4)
20 Historical shin protector (6)
21 Growing weary (6)

Down

1 Be fooled by (4,3)
2 Covered with blood (4)
3 Squanders (6)
4 Crazy (6)
5 Ambulance destination (8)
6 Surface for walking on (5)
12 Countrywide (8)
13 Somewhat dull (7)
15 Likenesses (6)
16 Hotel patrons (6)
17 Priest (5)
19 Move in a circular direction (4)

Crossword 155

Across

8 Recipe (7)
9 Pungent vegetable (5)
10 Finals, eg (5)
11 Adolescent (7)
12 Grounds cultivation (12)
16 Establish as genuine (12)
20 First half of the day (7)
23 Entice (5)
24 Horned African animal (5)
25 Computer display (7)

Down

1 Later (5)
2 Appear suddenly (5,3)
3 Dusk (6)
4 Wagon (4)
5 Of the north (6)
6 Haughty, spoiled woman (4)
7 Whole number (7)
13 Common family pet (3)
14 Supreme (8)
15 Agrarian managers (7)
17 Newspaper chief (6)
18 Quoting (6)
19 Begin (5)
21 Wreck (4)
22 Something that you play for fun (4)

Crossword 156

Across

1 Avenues (7)
5 Thick slice of meat (5)
9 According to every report (2,3,8)
10 Scandalized (8)
11 Decorated, as with a sugary coating (4)
12 Funding (9)
16 Step on a ladder (4)
17 Seriously (8)
19 Laid-back popular music (4,9)
21 Honesty (5)
22 Customers of lawyers, eg (7)

Down

2 Trial (3-3)
3 Increasing in size (9)
4 Pluck a guitar string (5)
6 The letter before upsilon (3)
7 National song (6)
8 Vinegary, eg (6)
11 Lack of knowledge (9)
13 Rappel (6)
14 Foreign childcarer (2,4)
15 Heavenly body (6)
18 Needed in order to live (5)
20 Nevertheless (3)

Crossword 157

Across
1 Display (4)
4 Retreat from a decision (4,4)
8 Chase (6)
9 Surviving (6)
10 Courteous man (4)
11 Slow-moving reptile (8)
13 Betrayer (6-7)
16 Consultants (8)
19 Buddy (4)
20 Junkie (6)
22 It's divided into 100 cents (6)
23 Not fully working (8)
24 Tall water grass (4)

Down
2 Domiciliary (9)
3 Bucket for scrubbing clothes (7)
4 Sheep's cry (5)
5 Less cloudy (7)
6 Repeat mark (5)
7 Earned (3)
12 Conjecture (9)
14 Compelled to leave (7)
15 Non-religious (7)
17 More glacial (5)
18 Allied (5)
21 Female hare (3)

Crossword 158

Across

1 Supports (5)
4 Devour (7)
9 Car repairer (8)
10 Nobleman between viscount and marquess (4)
11 Put a book away (6)
12 Overwhelming fear (5)
13 Keep away from (4)
15 Rest on a chair (3)
16 Appear (4)
17 Evident (5)
19 By mouth (6)
21 Remove large particles (4)
22 Spacecraft launch (5-3)
23 Seer (7)
24 Awareness (5)

Down

2 First Hebrew letter (5)
3 Command level (7)
5 Relating to a job or profession (12)
6 Authoritarian (5)
7 Extraordinary, but welcome, event (7)
8 Indefensible (12)
14 More cheery (7)
16 Surprise (7)
18 Misbehave (3,2)
20 Raises (5)

Crossword 159

Across

7 Unborn offspring (6)
8 Conjoined (6)
9 'Doing' part of speech (4)
10 Chuckling (8)
11 Complementary medicine needle technique (11)
14 Canvas embroidery (11)
18 Look like (8)
19 Low sound (4)
20 Creators (6)
21 Soldiers (6)

Down

1 Charge with misconduct (7)
2 Young child's bed (4)
3 Powder from flowers (6)
4 Confusion (6)
5 Until now (8)
6 Destined (5)
12 Goes before (8)
13 Miserable (7)
15 Lower the quality of (6)
16 Chooses (6)
17 Relating to the kidneys (5)
19 Unstable subatomic particle (4)

Crossword 160

Across
1 Island chain (11)
9 Complex and clever (13)
10 Greatly dismayed (8)
12 Gesture without words (4)
14 Canonized person (5)
15 They neutralize alkalis (5)
19 Plucked stringed instrument (4)
20 In a good mood (8)
22 Not pleasant to sit on, perhaps (13)
24 A leech or mosquito, eg (11)

Down
2 Knock quickly (3)
3 Very thin (8)
4 Hit a golf ball on the green (6)
5 Skin-loving insects (4)
6 Learn about (3,4,2)
7 Biochemical test (5)
8 Bordered (5)
11 Hands-on (9)
13 Diverse (8)
16 Source of rain (5)
17 Accident-related utterance (6)
18 Open sore (5)
21 Bullets (4)
23 Hive worker (3)

Crossword 161

Across
- **1** Bitterly cold (7)
- **5** The universe beyond Earth (5)
- **9** Unethical practices (5,8)
- **10** Investigate (8)
- **11** Hard, magnetic metal (4)
- **12** Flags (9)
- **16** Absorb text (4)
- **17** Viola stave marking (4,4)
- **19** Likelihoods (13)
- **21** Temporary hold (5)
- **22** Generally speaking (2,1,4)

Down
- **2** Of a greater volume (6)
- **3** Blocked with mucus (9)
- **4** Fossilized resin (5)
- **6** Cooking dish (3)
- **7** Habit (6)
- **8** Inhaler target (6)
- **11** Gauge (9)
- **13** Close at hand (6)
- **14** Spanish racket game (6)
- **15** Cornflakes, eg (6)
- **18** Roofing slabs (5)
- **20** Female sibling (3)

Crossword 162

Across
8 Holding responsible (7)
9 Simpleton (5)
10 Trainee soldier (5)
11 Fail as a business (2,5)
12 Unbearably intense (12)
16 Viewpoints (12)
20 End result (7)
23 Relating to the sun (5)
24 Radiate, as an emotion (5)
25 Appears (7)

Down
1 By surprise, as in 'taken ___' (5)
2 Yield control of (4,4)
3 Coldest season of the year (6)
4 Eagerly excited (4)
5 Optical (6)
6 Flying animal (4)
7 Holding space (7)
13 Involuntary drunken sound (3)
14 Doctrine (8)
15 Against (7)
17 Calls (6)
18 Published (6)
19 Take forcefully (5)
21 Band travel, perhaps (4)
22 At any time (4)

Solutions

Puzzle 1

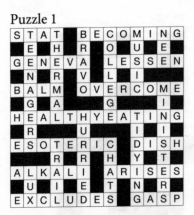

S	T	A	T		B	E	C	O	M	I	N	G
	E		H		R		O		U		E	
G	E	N	E	V	A		L	E	S	S	E	N
	N		R		V		L		I			
B	A	L	M		O	V	E	R	C	O	M	E
	G		A				G				I	
H	E	A	L	T	H	Y	E	A	T	I	N	G
	R			U				I		I		
E	S	O	T	E	R	I	C		D	I	S	H
		R		R		H		Y		T		
A	L	K	A	L	I		A	R	I	S	E	S
	U		I		E		T		N		R	
E	X	C	L	U	D	E	S		G	A	S	P

Puzzle 2

	R		N		F		N		P		A	
F	E	D	O	R	A		O	R	A	N	G	E
	G		S		B		R		R		I	
T	R	O	Y		R	E	M	O	T	E	L	Y
	E			I		A		I		E		
A	T	O	M	I	C	C	L	O	C	K		
	S		O					L		S		
	E	N	T	O	M	B	M	E	N	T	S	
	M		A		N		U				O	
N	A	R	R	O	W	E	R		L	O	R	D
	N		C		A		S		U		I	
R	I	C	H	E	R		A	I	M	I	N	G
	A		Y		D		R		P		G	

Puzzle 3

S		U		C			D		B		A
C	A	S	T	O	F	F		O	G	R	E	S
E		E		M		I		U		E		K
N	O	D		M	E	G	A	B	Y	T	E	S
A			O		U		T		H			
R	E	I	G	N		R	E	S	E	R	V	E
I		N				E			E			A
O	N	T	H	E	G	O		S	A	N	E	R
		A		L		F		O				L
W	O	N	D	E	R	F	U	L		S	K	I
E		D		V		U		E		T		E
P	I	E	C	E		N	U	M	B	E	R	S
T		M		N				N		W		T

Puzzle 4

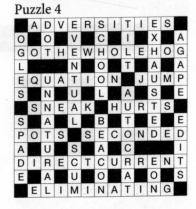

	A	D	V	E	R	S	I	T	I	E	S	
O		O		V		C		I		X		A
G	O	T	H	E	W	H	O	L	E	H	O	G
L			N		O		T		A		A	
E	Q	U	A	T	I	O	N		J	U	M	P
S		N		U		L		A		S		E
	S	N	E	A	K		H	U	R	T	S	
S		A		L		B		T		E		E
P	O	T	S		S	E	C	O	N	D	E	D
A		U		S		A		C				I
D	I	R	E	C	T	C	U	R	R	E	N	T
E		A		U		O		A		O		S
	E	L	I	M	I	N	A	T	I	N	G	

Puzzle 5

F	S	T	O	P		E	P	I	T	A	P	H
	A		P		I		H		R		O	
B	U	M	P	I	N	T	O		U	N	I	T
	N		R		S		T		S		N	
G	A	T	E	A	U		O	C	T	E	T	
			S		C		G				E	
I	N	K	S		C	A	R		E	D	D	Y
	I				E		A		X			
	M	I	R	E	S		P	A	C	K	E	T
	B		E		S		H		I		R	
A	L	E	S		I	N	E	R	T	G	A	S
	E		T		O		R		E		S	
P	R	E	S	E	N	T		A	S	K	E	D

Puzzle 6

A	D	V	A	N	C	E		S	H	R	U	B
	E		C		L		A		U		N	
B	L	A	C	K	A	N	D	W	H	I	T	E
	E		O		N		H				U	
S	T	R	U	G	G	L	E		H	O	C	K
	E		N				R		I		K	
		S	T	A	G	G	E	R	E	D		
	B		E		L				R		R	
P	R	O	D		O	P	E	R	A	T	E	D
	E				O		A		R		P	
M	A	T	H	E	M	A	T	I	C	I	A	N
	T		O		Y		E		H		I	
S	H	E	E	R		P	R	A	Y	E	R	S

Solutions

Puzzle 7

```
M I L I E U . G A R B L E
. N . D . N . R . I . O .
I S P Y . F R A C T I O N
. P . L . O . N . U . S .
D E C L A R E D . A M E N
. C . . G . C . L . . . .
A T T I R E . H A S T E N
. . N . T . I . . . X . .
T O F U . T A L E N T E D
. C . T . A . D . I . C .
R E M E M B E R . E M U S
. A . R . L . E . C . T .
E N C O R E . N E E D E D
```

Puzzle 8

```
S K I S . R E G I O N A L
. E . W . I . N . Z . B .
B Y H A N D . O B O I S T
. B . L . E . C . N . . .
R O I L . S U C C E E D S
. A . O . . . H . . . R .
D R A W A V E I L O V E R
. D . . O . . . . A . S .
U S E F U L L Y . T A S K
. . . L . C . A . M . D .
P A G O D A . C R E D O S
I . W . N . H . A . W .
P R I N T O U T . L I N T
```

Puzzle 9

```
S . D . E . . F . A . I
Q U A R R E L . A R C E D
U . F . A . I . T . C . L
A C T . S U B S C R I B E
S . . E . R . A . D . .
H E A R D . A P T N E S S
E . S . . R . . N . I
S O C I E T Y . U N T I L
. E . X . B . P . . L
C O N S C I O U S . C H I
A . D . E . O . I . H . E
P O E T S . K I D N A P S
S . D . S . . E . P . T
```

Puzzle 10

```
L U C R E . C A R A V A N
. M . O . C . L . C . N .
A B S T R A C T . H I D E
. R . A . L . E . E . R .
L A C T I C . R O D E O
. . . E . U . N . . . I
A V I D . L E A . A I D S
. A . . . A . T . D . .
. R O A S T . I N V I T E
. Y . L . I . V . I . I .
M I D I . O V E R S E A S
. N . B . N . S . E . R .
A G A I N S T . D R E A M
```

Puzzle 11

```
U N A W A R E . C O Y L Y
. U . E . E . A . H . I .
E M B A R R A S S M E N T
. B . K . U . I . . . E .
R E C K O N E D . O P A L
. R . N . . . E . P . R .
. . R E Q U E S T E D .
. H . E . T . . . R . M
E Y E D . O U T R A G E S
. B . . . P . I . T . A .
F R E E Z I N G P O I N T
. I . R . A . H . R . I .
I D E A S . S T A S H E D
```

Puzzle 12

```
E . W . E . U . N . V . D
S C H E M E S . E L I T E
S . I . E . E . U . E . N
A L T E R . S P R A W L S
Y . E . G . . . O . . . I
. I N T E R C O N N E C T
S . E . . R . . . N . Y
C A R B O H Y D R A T E .
R . . X . . . U . I . W
A N A L Y S T . L A T E R
T . C . G . A . I . L . I
C A N O E . L O N G E S T
H . E . N . E . G . S . E
```

Solutions

Puzzle 13

```
W A I F . . D I C T A T O R
. C . A . E . H . T . R .
B U R N U P . A M A Z E D
. T . B . O . T . L .
R A R E . T H E O L O G Y
. B . L . . A . . . E
C O N T R I B U T I O N S
. V . . N . . . N . T
P E A C E F U L . M E L T
. . A . E . I . A . E
M Y S T I C . N O T I M E
. A . C . T . K . E . E
E M P H A S I S . S U N K
```

Puzzle 14

```
. D E A F A S A P O S T .
M . T . I . L . C . A
A G A I N A N D A G A I N
R . . A . G . Y . R . K
S E C O N D L Y . F E E L
H . I . C . E . C . C . E
. E G R E T . M Y R R H
B . A . S . W . C . O . I
A C R E . H A L L O W E D
R . E . R . R . I . . L
G E T T H E M E S S A G E
E . T . E . T . T . R . R
. M E T A P H Y S I C S .
```

Puzzle 15

```
A T O M I C . P A L A C E
. R . A . O . E . E . A
N E O N . N O R M A L L Y
. M . G . V . P . T . L
O B S O L E T E . H I S S
. L . . . R . N . E
R E L I E S . D A R I N G
. . D . A . I . . . O
M A G I . T A C T L E S S
. D . O . I . U . I . T
D U S T B O W L . V A R Y
. L . I . N . A . E . I
S T I C K S . R A R E L Y
```

Puzzle 16

```
A . P . G . . . T . S . O
G O R I L L A . R O U N D
R . O . I . S . A . B . D
E L F . D I S G U I S E S
E . . E . . O . M . I
I N C U R . C L A U S E S
N . H . I . I . . T . W
G R A N D P A . P A S T E
. P . R . T . R . . . A
A U T H O R I Z E . M A R
W . E . W . N . F . O . I
A P R O N . G L A D D E N
Y . S . S . . . B . E . G
```

Puzzle 17

```
A . F . S . E . B . W . S
S H A R P E N . O P E R A
I . L . L . D . U . N . N
D E L T A . S I G H T E D
E . F . S . . H . . . A
. A L P H A B E T I C A L
O . A . . . A . . . A . S
S A T I S F A C T O R Y .
M . . C . . . S . E . V
O F F H A N D . H A L V E
S . A . R . A . I . E . R
I O N I C . T H R U S T S
S . S . E . E . T . S . E
```

Puzzle 18

```
F L E C K . E D U C A T E
. E . R . A . E . E . R
P A T I E N C E . L I A R
. R . T . N . S . L . N
I N D I G O . C O O L S
. . C . U . A . . . I
N U T S . N I L . D U T Y
. P . . C . A . E
. D R I V E . T E R R O R
. A . M . M . I . I . W
S T U B . E V O L V I N G
. E . U . N . N . E . E
A D V E R T S . U S U R P
```

Solutions

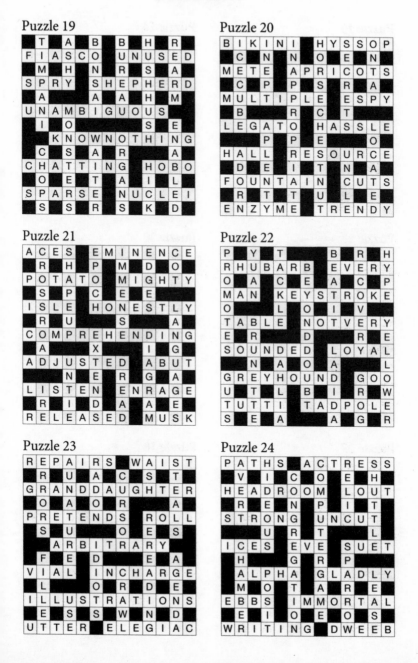

Puzzle 19

Puzzle 20

Puzzle 21

Puzzle 22

Puzzle 23

Puzzle 24

Solutions

Puzzle 25

```
  T O P P R I O R I T Y
S   A   R   G   O   E   F
H O R T I C U L T U R A L
A   N   A   I   R   U
R E A C T I N G   R O W S
P   B   E   A   H   R   H
  A D O R E   L I M I T
H   O   S   G   S   S   B
A L M S   T E E T O T A L
N   I   T   Y   O   A
D E N T A L S U R G E O N
S   A   L   E   I   A   K
  E L E C T R I C I T Y
```

Puzzle 26

```
I D E A   B U S I N E S S
  E   R   A   A   O   A
E V I C T S   T W I N G E
  E   H   I   A   S
P L E A   C O N T E M P T
  O   I       I       R
S P E C I F I C A T I O N
  E       A       E   C
A D V A N C E S   D U E T
      N   T   I   I   E
K U N G F U   F L O O D S
  R   S   A   T   U   E
I N S T A L L S   S I D E
```

Puzzle 27

```
  F   E F   D   C   P
M A R V E L   I R O N I C
  T   E E   S   T   A
N I T S   E X C I T I N G
  G       C   U   O   O
S U P P R E S S I N G
  E   U       O   I
    F R I G H T E N I N G
  T   S   A   O   V
S I T U A T E D   M E E T
  L   I   H   D   E   R
G L A N C E   L O W E S T
  S   G   R   E   S   E
```

Puzzle 28

```
S   C   S   U   T   A   W
A N O R A K S   R U L E R
C   I   L   E   U   G   I
K O F T A   R E S T A R T
S   F   M       T       T
  D E V I L M A Y C A R E
A   U       E       U   N
S U R R O U N D I N G S
I       N       N   R   U
N O O D L E S   F L A G S
I   G   I   O   U   T   A
N Y L O N   W A L K I N G
E   E   E   N   L   N   E
```

Puzzle 29

```
L A Y U P   E T H I C A L
  S   N   E   O   N   D
C H E S T N U T   K A V A
  E   O   T   A   I   I
I N R U S H   L E N D S
  N   U   I       E
A C I D   S E T   C E D E
  A   I   A   R
  V O I L A   R E A S O N
  O   S   S   I   C   W
I R K S   T H A N K I N G
  T   U   I   N   E   E
E S S E N C E   B R I D E
```

Puzzle 30

```
  S M A L L C H A N G E
S   U   A   O   I   O   F
A D M I N I S T R A T O R
L       D   M   Y   H   O
A R T I S T I C   D R A W
D   H   L   C   M   O   N
  M I M I C   B O N U S
S   C   P   C   U   G   V
Y A K S   S H A N G H A I
L   N   C   A   T       N
P R E D O M I N A N T L Y
H   S   M   N   I   U   L
  A S S A S S I N A T E
```

Solutions

Puzzle 31

S		L		B			H		R		I	
P	H	A	R	A	O	H		U	P	E	N	D
E		M		L		O		M		P		L
N	I	B		L	A	U	D	A	T	O	R	Y
D			O		S		N		R			
I	N	S	E	T		E	L	E	C	T	E	D
N		C			A				E		O	
G	L	I	T	T	E	R		S	C	R	U	B
	S		H		R			I			A	
D	I	S	H	O	N	E	S	T		J	U	T
U		O		U		S		U		A		T
S	P	R	I	G		T	O	P	I	C	A	L
K		S		H			S		K		E	

Puzzle 32

L	O	N	G		B	R	I	G	H	T	E	R
	B		E		L		N		A		E	
A	V	E	N	U	E		F	A	I	R	L	Y
	I		E		E		E		K			
S	O	O	T		P	E	R	S	U	A	D	E
	U		I				N				A	
P	S	Y	C	H	O	L	O	G	I	S	T	S
	L				V				L		A	
T	Y	P	E	S	E	T	S		L	A	B	S
		Q		R		T		E		A		
A	C	T	U	A	L			A	U	G	U	S	T
	O		A		A		M		A		E	
L	O	L	L	I	P	O	P		L	A	S	S

Puzzle 33

A		E		O		M		C		U		G
B	A	L	A	N	C	E		I	G	L	O	O
O		E		S		M		N		N		O
R	E	C	A	P		E	M	E	R	A	L	D
T		T		E			M					B
	P	R	A	C	T	I	C	A	L	I	T	Y
A		O			F				S		E	
C	O	N	V	E	R	S	A	T	I	O	N	
C			R			R		L			T	
E	N	S	U	R	E	S		E	V	A	D	E
P		E		A		O		N		T		N
T	I	T	A	N			S	A	D	N	E	S	S
S		S		D		O		S		S		E

Puzzle 34

W	A	N	D	E	R	S		D	R	I	F	T
	M		E		U		S		E		O	
C	O	M	P	A	R	A	T	I	V	E	L	Y
	U		R		A		R				D	
U	N	D	E	R	L	I	E		R	U	E	D
	T		S				E		E		D	
		A	S	S	I	S	T	I	N	G		
	M		E		C				D		A	
L	A	D	S		I	N	S	P	E	C	T	S
	Y				E		U		R		T	
P	H	I	L	O	S	O	P	H	I	C	A	L
	E		U		T		E		N		I	
I	M	A	G	E		O	R	E	G	A	N	O

Puzzle 35

	F		S		C		P		A		M	
M	A	I	T	A	I		R	E	P	E	A	L
	S		A		T		O		P		L	
C	H	A	R		R	E	F	E	R	R	E	D
	I				I		I		O		S	
C	O	N	S	E	C	U	T	I	V	E		
	N		T						A		P	
		F	E	A	T	U	R	E	L	E	S	S
	P		P		R		E				Y	
C	O	U	P	L	I	N	G		B	A	C	K
	W		I		P		I		E		H	
K	E	R	N	E	L		M	U	S	L	I	N
	R		G		E		E		T		C	

Puzzle 36

B		U		R			M		A		F	
A	N	G	U	I	S	H		U	M	B	E	R
L		L		D		I		E		R		E
S	O	Y		D	E	E	P	S	P	A	C	E
A			E		R		L		S			
M	E	S	O	N		O	R	I	G	I	N	S
I		E				G				O		U
C	E	N	T	R	A	L		F	I	N	E	S
		S		E		Y		A				P
E	P	I	S	C	O	P	A	L		A	Y	E
A		B		E		H		L		N		N
T	A	L	O	N		S	H	I	F	T	E	D
S		Y		T			N		I		S	

Solutions

Puzzle 37

C	H	A	F	F		R	E	V	O	L	T	S
	E		O		I		N		P		R	
C	L	A	R	I	N	E	T		T	E	A	R
	L		G		C		R		I		I	
D	O	M	I	N	O		E	X	C	E	L	
		V		R		P				E		
W	I	D	E		P	E	R		N	U	D	E
	N				O		E		O			
	D	O	N	O	R		N	A	T	I	O	N
	O		O		A		E		I		T	
A	U	T	O		T	R	U	N	C	A	T	E
	B		S		E		R		E		E	
A	T	T	E	N	D	S		U	S	E	R	S

Puzzle 38

	C	R	E	A	M	C	H	E	E	S	E	
E		O		W		E		D		Y		G
B	E	T	H	A	T	A	S	I	T	M	A	Y
B			R		S		T		M		P	
E	M	B	E	D	D	E	D		G	E	M	S
D		E		I		S		S		T		Y
	G	A	I	N	S		S	T	I	R	S	
O		U		G		A		A		I		B
D	O	T	S		T	R	I	C	Y	C	L	E
I		I		A		G		C				R
U	N	F	O	R	T	U	N	A	T	E	L	Y
M		U		I		E		T		K		L
	I	L	L	D	I	S	P	O	S	E	D	

Puzzle 39

M		D	S		T		A		D		S	
O	R	I	G	A	M	I		L	E	A	S	T
R		N		F		E		P		S		R
A	R	O	M	A		D	R	A	C	H	M	A
L		S		R			C				I	
	R	A	T	I	F	I	C	A	T	I	O	N
S		U			M			N		S		
H	O	R	N	O	F	P	L	E	N	T	Y	
A			O			N		E		B		
D	R	I	Z	Z	L	E		A	U	R	A	L
I		N		I		X		B		A		I
E	L	F	I	N		P	E	L	I	C	A	N
R		O		G		O		E		T		I

Puzzle 40

A	T	H	E	I	S	M		O	F	F	A	L
	E		L		I		W		L		C	
U	N	D	E	R	G	R	A	D	U	A	T	E
	D		V		M		T				O	
S	E	P	A	R	A	T	E		T	O	R	E
	D		T			R		H		S		
	P	O	S	S	E	S	S	E	D			
N		R		T			R		C			
S	O	W	S		U	N	S	T	A	B	L	E
	D			P		P		P		O		
C	O	M	P	L	I	C	A	T	I	O	N	S
	F		H		D		R		S		E	
A	F	F	I	X		D	E	N	T	I	S	T

Puzzle 41

	C		U		M		N		M		P	
V	O	O	D	O	O		U	S	A	B	L	E
	L		O		D		N		H		U	
F	L	A	N		E	X	C	H	A	N	G	E
	U			S		I		R		S		
E	D	U	C	A	T	I	O	N	A	L		
	E		R				N		U			
		C	O	N	C	L	U	S	I	O	N	S
	B		S		H		N			L		
S	E	A	S	H	O	R	E		D	O	O	R
	Z		I		R		A		O		C	
H	E	R	N	I	A		S	T	R	O	K	E
	L		G		L		Y		Y		S	

Puzzle 42

O		E		U			R		R		S	
C	H	R	O	N	I	C		E	R	E	C	T
C		R		I		O		C		M		A
U	P	S		T	E	M	P	O	R	A	R	Y
R			E		P		U		I			
R	E	E	F	S		R	I	P	I	N	T	O
E		M			E				E		B	
D	E	P	R	E	S	S		S	I	D	E	S
	L		X		S		U				E	
Q	U	O	T	A	T	I	O	N		Y	E	S
U		Y		L		N		D		E		S
A	G	E	N	T		G	A	R	B	A	G	E
D		R		S				Y		H		D

Solutions

Puzzle 43

S	P	E	W		A	L	F	R	E	S	C	O
	L		O		I		U		L		A	
P	U	T	R	I	D		C	O	D	I	N	G
	N		K		E		H		E			
E	D	G	E		D	I	S	T	R	A	C	T
	E		R				I				O	
P	R	E	S	E	N	T	A	T	I	O	N	S
	E				O			N		F		
A	R	C	H	I	V	E	S		V	I	L	E
		Y		E		P		I		I		
A	S	W	E	L	L		I	N	T	A	C	T
	U		N		T		T		E		T	
M	E	G	A	B	Y	T	E		D	U	S	T

Puzzle 44

R	A	S	P	Y		C	I	R	C	U	I	T
	W		L		A		R		A		N	
O	F	F	E	N	D	E	R		M	A	K	E
	U		A		V		I		E		W	
P	L	A	S	M	A		T	R	O	P	E	
			E		N		A				L	
C	L	O	D		T	A	B		C	A	L	F
	O				A		I		O			
	U	S	I	N	G		L	E	S	S	O	N
	D		R		E		I		T		B	
B	E	T	A		O	U	T	L	I	N	E	D
	S		T		U		Y		N		S	
A	T	H	E	I	S	T		O	G	L	E	D

Puzzle 45

	M	I	S	A	N	T	H	R	O	P	Y	
S		L		B		R		A		O		S
M	U	L	T	I	C	U	L	T	U	R	A	L
A				T		A		E		T		U
S	W	I	M	M	I	N	G		A	F	A	R
H		N		U		T		A		O		P
	S	T	U	C	K		S	C	A	L	E	
C		E		H		S		I		I		I
L	Y	R	E		H	O	L	D	D	O	W	N
I		P		T		C		J		A		A
F	O	R	T	I	F	I	C	A	T	I	O	N
F		E		E		A		Z		N		E
	S	T	E	R	I	L	I	Z	I	N	G	

Puzzle 46

	B		L		P		T		D		O	
E	U	R	E	K	A		E	X	I	S	T	S
	N		N		N		A		V		H	
E	K	E	D		I	N	P	I	E	C	E	S
	B				N		O		B		R	
D	E	S	C	R	I	P	T	I	O	N		
	D		O						M		E	
		C	L	U	S	T	E	R	B	O	M	B
	A		L		Y		A				P	
A	S	S	E	S	S	E	S		P	A	T	E
	T		G		T		I		U		I	
S	E	V	E	R	E		L	I	F	T	E	D
	R		S		M		Y		F		S	

Puzzle 47

D	E	M	A	N	D	S		C	H	I	M	E
	X		T		R		V		I		A	
C	O	N	T	R	A	D	I	C	T	O	R	Y
	T		I		I		C		K			
D	I	S	T	I	N	C	T		P	I	E	R
	C		U				I		E		D	
		A	D	O	R	N	M	E	N	T		
	C		E		E		A		A			
D	O	E	S		D	W	E	L	L	I	N	G
	M			U		X		T		G		
I	M	P	E	R	C	E	P	T	I	B	L	E
	I		M		E		E		E		E	
S	T	O	U	T		C	L	O	S	E	S	T

Puzzle 48

O		C		C				S		V		S
F	A	L	L	O	F	F		T	R	I	A	L
F		A		U		L		E		R		A
I	V	Y		P	R	E	S	E	N	T	L	Y
C				L		X		R		U		
E	N	S	U	E		I	N	S	H	O	R	T
R		Y				B				S		R
S	A	M	U	R	A	I		P	H	O	T	O
		P		A		L		H				U
I	N	T	E	N	S	I	T	Y		H	A	S
O		O		D		T		L		A		E
T	E	M	P	O		Y	O	U	N	G	E	R
A		S		M				M		S		S

Solutions

Puzzle 49

T	A	C	T	I	C	■	■	I	N	F	E	C	T
■	T	■	O	■	R	■	I	N	■	L	■	H	■
S	T	O	W	■	U	N	C	T	U	O	U	S	■
■	E	■	E	■	I	■	O	■	V	■	N	■	■
I	M	P	R	I	S	O	N	■	I	C	K	Y	■
■	P	■	■	■	E	■	V	■	A	■	■	■	■
S	T	A	T	I	C	■	E	N	L	A	C	E	■
■	■	H	■	O	■	N	■	■	■	Y	■	■	■
U	P	T	O	■	N	U	I	S	A	N	C	E	■
■	L	■	U	■	T	■	E	■	X	■	L	■	■
H	A	N	G	E	R	O	N	■	I	R	I	S	■
■	N	■	H	■	O	■	C	■	O	■	S	■	■
M	E	N	T	A	L	■	E	N	M	I	T	Y	■

Puzzle 50

■	S	E	R	I	O	U	S	N	E	S	S	■
S	■	L	■	L	■	T	■	O	■	P	■	C
C	O	M	P	L	I	M	E	N	T	A	R	Y
R	■	■	F	■	O	■	E	■	G	■	S	■
A	P	P	L	A	U	S	E	■	S	H	O	T
P	■	O	■	T	■	T	■	P	■	E	■	S
■	I	S	L	E	T	■	W	R	A	T	H	■
S	■	T	■	D	■	W	■	O	■	T	■	A
T	A	P	E	■	T	R	A	C	K	I	N	G
I	■	O	■	R	■	I	■	L	■	■	■	O
C	O	N	C	E	N	T	R	A	T	I	O	N
K	■	E	■	D	■	E	■	I	■	O	■	Y
■	A	D	J	O	U	R	N	M	E	N	T	■

Puzzle 51

F	I	R	S	T	■	S	U	R	F	A	C	E
■	N	■	U	■	I	■	N	■	U	■	A	■
I	N	S	I	G	N	I	A	■	N	A	P	E
■	E	■	T	■	T	■	C	■	G	■	A	■
D	R	Y	I	C	E	■	C	L	I	M	B	■
■	■	N	■	R	■	E	■	■	■	L	■	■
T	W	I	G	■	M	A	P	■	C	U	E	D
■	A	■	■	■	E	■	T	■	O	■	■	■
■	R	I	G	I	D	■	A	D	U	L	T	S
■	L	■	R	■	I	■	B	■	N	■	U	■
C	O	L	A	■	A	L	L	O	C	A	T	E
■	C	■	I	■	T	■	E	■	I	■	O	■
S	K	I	L	L	E	D	■	A	L	E	R	T

Puzzle 52

■	R	■	A	■	S	■	F	■	B	■	S	■
K	E	E	P	T	O	■	A	G	E	N	T	S
■	C	■	E	■	N	■	L	■	G	■	E	■
J	I	G	S	■	A	R	C	H	I	V	E	D
■	P	■	■	■	T	■	O	■	N	■	R	■
R	E	S	T	R	A	I	N	I	N	G	■	■
■	S	■	H	■	■	■	■	■	E	■	S	■
■	■	C	O	N	S	I	D	E	R	A	T	E
P	■	R	■	A	■	E	■	■	■	A	■	■
R	E	P	O	R	T	E	D	■	N	E	T	S
T	■	U	■	I	■	U	■	I	■	I	■	■
B	A	D	G	E	R	■	C	U	C	K	O	O
■	L	■	H	■	E	■	E	■	K	■	N	■

Puzzle 53

H	E	I	G	H	T	S	■	B	E	E	F	Y
■	X	■	U	■	R	■	S	■	A	■	I	■
A	C	C	I	D	E	N	T	P	R	O	N	E
■	I	■	N	■	A	■	U	■	■	■	I	■
A	T	T	E	N	D	E	D	■	O	A	T	S
■	E	■	A	■	■	■	I	■	P	■	E	■
■	■	S	P	O	N	S	O	R	E	D	■	■
■	T	■	I	■	A	■	■	■	R	■	N	■
D	I	N	G	■	T	H	R	E	A	T	E	N
■	D	■	U	■	I	■	T	■	S	■	■	■
D	I	F	F	E	R	E	N	T	I	A	T	E
■	E	■	I	■	E	■	S	■	O	■	L	■
A	D	A	G	E	■	P	E	N	N	I	E	S

Puzzle 54

G	E	R	M	■	G	O	P	L	A	C	E	S
■	M	■	A	■	U	■	E	■	B	■	Y	■
O	B	S	E	S	S	■	R	U	B	B	E	R
■	A	■	S	■	T	■	S	■	O	■	■	■
W	R	I	T	■	O	M	I	T	T	I	N	G
■	R	■	R	■	■	■	S	■	■	■	O	■
R	A	D	I	O	A	C	T	I	V	I	T	Y
■	S	■	N	■	■	■	■	■	I	■	I	■
A	S	S	E	S	S	E	D	■	O	F	F	S
■	■	R	■	W	■	A	■	L	■	Y	■	■
O	P	P	O	S	E	■	T	H	E	S	I	S
■	S	■	D	■	R	■	E	■	N	■	N	■
D	I	S	E	A	S	E	S	■	T	U	G	S

Solutions

Puzzle 55

A		O		E		A		T		T		E
R	E	B	U	I	L	D		A	L	A	R	M
R		T		G		D		K		X		P
A	W	A	S	H		S	P	E	C	I	A	L
Y		I		T			T					O
	A	N	T	H	R	O	P	O	L	O	G	Y
R		E			D				C			S
I	N	D	I	F	F	E	R	E	N	C	E	
B			I			N		U				S
C	O	B	B	L	E	R		D	E	P	T	H
A		O		M		A		I		I		U
G	R	A	P	E		C	O	N	S	E	N	T
E		R		D		E		G		D		S

Puzzle 56

A	L	I	A	S		C	A	S	C	A	D	E
	A		F		E		B		U		E	
P	R	E	F	I	X	E	S		B	A	L	D
	V		A		C		O		I		A	
C	A	L	I	P	H		L	U	C	K	Y	
		R		A		U					E	
I	D	E	S		N	U	T		L	O	D	E
	I				G		E		I			
	S	A	U	C	E		Z	Y	G	O	T	E
	G		R		A		E		H		E	
B	U	L	B		B	U	R	S	T	I	N	G
	S		A		L		O		L		T	
S	T	U	N	N	E	D		M	Y	T	H	S

Puzzle 57

H	O	T	D	O	G		I	M	M	U	N	E
	I		W		R		N		A		O	
F	L	E	A		A	D	V	I	S	O	R	Y
	W		R		P		E		T		M	
L	E	A	F	L	E	T	S		E	A	S	Y
	L		H		T		R					
F	L	O	P	P	Y		I	N	S	U	L	T
		O		A		G				A		
P	A	Y	S		C	R	A	W	L	I	N	G
	B		T		I		T		Y		T	
F	L	A	M	I	N	G	O		R	E	E	L
	E		A		T		R		I		R	
D	R	E	N	C	H		S	E	C	O	N	D

Puzzle 58

D		S		N				I		R		G
R	E	P	L	I	C	A		G	R	E	B	E
A		E		P		T		N		G		N
M	A	D		P	A	T	R	O	N	I	Z	E
A			L		R		R		S			
T	A	S	T	E		I	N	E	R	T	I	A
I		C			B				E		C	
C	A	R	I	B	O	U		P	E	R	C	H
	A		O		T		L				I	
E	X	P	L	O	S	I	V	E		L	E	E
L		P		K		N		A		A		V
S	C	E	N	E		G	E	S	T	U	R	E
E		D		D				E		D		D

Puzzle 59

C	A	V	A	L	R	Y		G	L	E	A	N
	B		N		E		O		E		N	
D	I	S	T	R	I	B	U	T	I	O	N	S
	D		H		K		T				U	
M	E	M	O	R	I	E	S		T	E	A	M
	S		L				E		W		L	
		R	O	Y	A	L	T	I	E	S		
	F		G		G				N		C	
P	L	O	Y		R	E	L	A	T	I	O	N
	O				E		I		I		P	
F	R	I	N	G	E	B	E	N	E	F	I	T
	E		U				S		T		N	
S	T	U	N	T		O	N	A	H	I	G	H

Puzzle 60

R	I	F	F		L	I	P	S	T	I	C	K
	N		A		A		R		E		U	
S	T	O	N	E	S		O	W	N	E	R	S
	H		M		S		V		D			
M	E	G	A		O	M	I	S	S	I	O	N
	M		I				S				C	
F	A	L	L	I	N	T	O	P	L	A	C	E
	I				O				O		U	
E	N	G	A	G	I	N	G		B	O	P	S
		D		S		A		S		Y		
S	C	A	M	P	I		M	A	T	R	I	X
	U		I		E		E		E		N	
F	E	A	T	U	R	E	S		R	A	G	S

Solutions

Puzzle 61

```
  P P C S C T
R E T A I L   E V O K E D
  R N I L N L
W H E T   M O D I F I E S
  A   A O E X
A P P R O X I M A T E
  S E       T B
    S P E C I A L I Z E D
G L O S       E
R E C Y C L E S   C A S T
T I L I     A W
G U I N E A   S E R I A L
P G R T   P X
```

Puzzle 62

```
A L H L   H L A
G R A N I T E   E M A I L
R N D T A I L
E N D E D   S I L E N C E
E L E   T   G
  C O U N T R Y H O U S E
A R   U   P S
B O D Y L A N G U A G E
E E   T R S
T I M I N G S   O P A R T
T E G O P D A
E X A C T   F A I R E S T
D N H T A S E
```

Puzzle 63

```
  A S K I N G P R I C E
D E N U U L S
E L E C T R I C S H O C K
E H T H S I
M E D I E V A L   B E E P
S I B R T K S
  U S U A L   P R I N T
F T G F I I S
O G R E   G A L A C T I C
R I A U N A
T E C H N O L O G I C A L
E T T T L U Y
  A S S E S S M E N T S
```

Puzzle 64

```
B L E S S   A C R O B A T
O A B A L W
C U L T U R A L   D E A L
S C I E E I
P Y T H O N   N O N E T
E G D E
O R A L   T E A   F A D S
E O R U
  S M A L L   Y E S M A N
P D I E I N
Y O G I   G O A L L I N E
N E H R L U
A D J U S T S   D I A L S
```

Puzzle 65

```
A P P O I N T   F A L S E
U T A A L L
I N T H E M I D D L E O F
I E E R W
E S P R E S S O   A H E M
H W I D D
  D I V E R T I N G
C S N A A
B O N E   G R A D U A T E
P I S S R
B I T S A N D P I E C E S
E A E E A S
P S Y C H   P R O M P T S
```

Puzzle 66

```
  M D F U I A
T U X E D O   R E N A M E
S E R G S I
A T O M   G R E A T E S T
A E N I S
O R I E N T A T I N G
D X C P
  S P E C U L A T I O N
M L R I S
R E T I R I N G   W I T S
A C M H O I
E N T I R E   T O K E N S
S T S S E G
```

Solutions

Puzzle 67

```
H O T T U B ■ E J E C T S
■ V ■ H ■ U ■ N ■ A ■ I ■
P A R E ■ S E V E R I T Y
■ T ■ T ■ H ■ I ■ N ■ L ■
D I S A S T E R ■ I T E M
■ O ■ ■ ■ E ■ O ■ N ■ ■ ■
A N I M A L ■ N I G H T S
■ ■ A ■ E ■ M ■ ■ ■ O ■ ■
S W A G ■ G L E E C L U B
■ H ■ I ■ R ■ N ■ R ■ C ■
M E R C H A N T ■ A C H Y
■ R ■ A ■ P ■ A ■ F ■ E ■
W E A L T H ■ L A T E S T
```

Puzzle 68

```
S P I T ■ P O S T C A R D
■ U ■ E ■ A ■ A ■ O ■ Y ■
A B O R T S ■ N U R S E S
■ L ■ M ■ T ■ G ■ G ■ ■ ■
M I N I ■ S U R V I V A L
■ S ■ N ■ ■ ■ I ■ ■ ■ P ■
C H A I N R E A C T I O N
■ E ■ ■ ■ A ■ ■ ■ H ■ L ■
E S T E E M E D ■ R O O M
■ ■ ■ R ■ P ■ E ■ O ■ G ■
S I E R R A ■ C O U S I N
■ C ■ O ■ N ■ R ■ G ■ Z ■
S E C R E T L Y ■ H U E S
```

Puzzle 69

```
F L I E S ■ E C O L O G Y
■ A ■ N ■ I ■ O ■ E ■ E ■
S P E C I M E N ■ M I T T
■ S ■ O ■ P ■ G ■ O ■ A ■
T E N D E R ■ R E N E W
■ ■ E ■ I ■ A ■ ■ ■ A ■
O H M S ■ S A T ■ T O Y S
■ O ■ ■ ■ O ■ U ■ A ■ ■
W A G O N ■ L O N E L Y
■ E ■ O ■ M ■ A ■ K ■ O ■
E V I L ■ E N T R A N C E
■ E ■ E ■ N ■ E ■ R ■ A ■
P R O M O T E ■ A D D L E
```

Puzzle 70

```
C O D I F I C A T I O N ■
H ■ U ■ I ■ A ■ R ■ A ■ C
O A S E S ■ S T I C K T O
R ■ T ■ H ■ T ■ P ■ ■ ■ M
E T C H ■ P L A T F O R M
O ■ O ■ Q ■ E ■ Y ■ V ■ O
G I V E U P ■ S C R E E N
R ■ E ■ E ■ S ■ H ■ R ■ W
A R R E S T E D ■ O N C E
P ■ ■ ■ T ■ A ■ B ■ I ■ A
H E A V I E R ■ L E G A L
Y ■ G ■ O ■ C ■ A ■ H ■ T
■ D O W N T H E H A T C H
```

Puzzle 71

```
■ L ■ N ■ R ■ S ■ B ■ S ■
M O D U L E ■ E Q U I P S
■ B ■ K ■ L ■ X ■ N ■ U ■
O B O E ■ I N T E G E R S
■ I ■ ■ ■ E ■ E ■ A ■ N ■
F E M M E F A T A L E ■
■ D ■ A ■ ■ ■ ■ ■ O ■ I ■
■ ■ W I T H D R A W I N G
■ B ■ N ■ I ■ I ■ ■ ■ C ■
P E N T A G O N ■ I L L S
■ I ■ A ■ H ■ G ■ T ■ U ■
U N W I S E ■ E N C O D E
■ G ■ N ■ R ■ D ■ H ■ E ■
```

Puzzle 72

```
A P L O M B ■ G A B B L E
■ L ■ F ■ U ■ U ■ R ■ E ■
D U F F ■ I M A G I N E D
■ M ■ E ■ L ■ R ■ D ■ R ■
U P G R A D E D ■ G U S H
■ E ■ ■ ■ I ■ I ■ E ■ ■
A R I S E N ■ A B S E N T
■ ■ P ■ G ■ N ■ ■ ■ U ■
V A N E ■ B L A C K I C E
■ C ■ A ■ L ■ N ■ I ■ L ■
F O L K S O N G ■ N E E D
■ R ■ E ■ C ■ E ■ G ■ A ■
A N O R A K ■ L A S E R S
```

Solutions

Puzzle 73

```
  D O U B L E C R O S S
P   R   O   V   O   A   A
A R C H I T E C T U R A L
I     L   N   E   C     L
R E A S O N E D   D A R E
S   D   V   D   O   S   Y
  U D D E R   A B E T S
A   R   R   M   S   I   P
G R E W   T A C T I C A L
A   S   F   N   R       A
I N S H O R T S U P P L Y
N   E   C   E   C   R   S
  L E G I S L A T I O N
```

Puzzle 74

```
O   S   L     G   T   L
C O U L O M B   E E R I E
C   L   U   U   L   A   V
A S K   N O R M A L I T Y
S     G   E   T   N
I N D I E   A S O C I A L
O   O     U       N   A
N O M A D I C   O R G A N
  E   I   R   P       G
D E S I G N A T E   G N U
E   T   E   C   N   O   A
E V I L S   Y U L E L O G
D   C   T       Y   F   E
```

Puzzle 75

```
T R O D   C U B E R O O T
  E   I   A   U   A   W
C L E A N S   I N B R E D
  U   L   E   L   B
A C M E   D E T A I L E D
  T   C     U       V
P A R T I C I P A T I O N
  N     O       A   L
S T A R T L E D   N O U N
    A   U   O   G   T
E P O N Y M   S C E N I C
  U   G   N   E   N   O
I N C E N S E S   T E N T
```

Puzzle 76

```
P   M   P   I   N   L   P
S E A F O O D   A N I M A
A   R   N   O   U   N   S
L O G I C   L I S T E N S
M   I   H     E       A
  I N T O X I C A T I N G
E   A     N       N   E
A L L O F A S U D D E N
R     L       U   D   D
T E E N I E R   R A I S E
H   O   G   I   I   B   N
L U N C H   D A N D L E S
Y   S   T   E   G   E   E
```

Puzzle 77

```
H A I R Y   S E C O N D S
  M   O   A   X   U   E
B I T B Y B I T   T U B S
  G   O   B   R   D   A
P O R T E R   A B O U T
    I   E   V       E
B L O C   V I A   F A D E
  O       I   G   R
  B A L S A   A T E A S E
E   E   T   N   E   I
C L O T   I N C I D E N T
  I   U   O   E   O   G
H A P P E N S   A M U S E
```

Puzzle 78

```
  F   C   T   S   C   D
A U T H O R   P H O T O S
  R   I   A   R   N   O
S T O P   C O I F F U R E
  H     E   N   R   S
R E C O N D I T I O N
  R   V         N   C
    R E S I D E N T I A L
  I   R   N   L       T
E N C L O S E D   B U C K
  L   O   U   E   A   H
M E M O I R   S A I L O R
  T   K   E   T   L   N
```

Solutions

Puzzle 79

```
A D D R E S S   I T C H Y
  R   A   M   S   O   A
M A N U F A C T U R I N G
  I   C   R   Y       D
I N F O R M A L   O M E N
S   U       E   B   D
    A S S E S S I N G
D   L   R       O   I
D E N Y   R E L A X I N G
P       A   O   I   V
M U L T I N A T I O N A L
T   O   T   T   U   D
S Y N O D   T O U S L E D
```

Puzzle 80

```
R   V   P       L   F   K
E Y E W A S H   O V A T E
S   S   R   E   N   L   Y
P O T   S T R U G G L E S
E     E   O   E   B
C O D E D   W A R F A R E
T   I     O       C   A
S C A T T E R   M A K E R
  G   R   S   U       N
A B O L I S H E S   K O I
R   N   C   I   E   N   N
C H A L K   P O U R I N G
S   L   Y       M   T   S
```

Puzzle 81

```
S P A R   D R O P P I N G
  A   E   I   B   A   I
S I E V E S   E V E N T S
  N   E   C   Y   A
S T U N   O R I E N T A L
  I   G       N       L
I N T E R R O G A T I O N
  G       E       O   N
A S S I S T E D   C A G E
    N   I   U   C   W
P A U P E R   S T A S I S
H   U   E   T   T   T
D A Y T O D A Y   A C H E
```

Puzzle 82

```
M E T R I C   A N S W E R
  M   O   O   U   C   X
O P T S   L I T E R A T E
  O   T   L   O   E   R
A R M I N A R M   A L A S
  I     B   A   M
B A M B O O   T A S T E D
  A   R   I       M
S C A R   A C C E P T E D
R   R   T   A   E   R
J U D I C I A L   K E G S
E   N   O   L   O   E
S L O G A N   Y I E L D S
```

Puzzle 83

```
T A N G O   D E V I C E S
  N   I   E   V   M   X
C O N V I N C E   P I P S
  D   E   C   R   E   O
D E T O U R   Y E L P S
    U   O   S       E
T A U T   A D O   P A D S
  P     C   O   R
  P E A C H   F R I G H T
  L   R   M   T   N   A
C I A O   E L E C T R I C
E   S   N   N   E   R
A S P E C T S   F R E S H
```

Puzzle 84

```
F O R E S A W   T R U M P
  U   X   D   S   I   A
E N L I G H T E N M E N T
  C   S   O   A       N
V E R T I C A L   E P E E
  S   E     E   X   R
    I N T R O D U C E
  R   C   E       L   R
F E T E   F E A T U R E D
  M   E   M   S   G
T O P O G R A P H I C A L
  V   D   S   L   O   I
H E R D S   L E A N I N G
```

Solutions

Puzzle 85

```
P . E . G . . . N . T . A
R A V I O L I . E T H I C
O . E . D . R . A . E . E
G I N . S U R P R I S E D
R . . O . E . E . A . . .
A R S O N . V I R T U E S
M . T . . . E . . . R . P
S W A G G E R . D E I T Y
. G . A . E . E . E . . G
A R G U M E N T S . G E L
R . E . B . C . I . A . A
C A R O L . E N G A G E S
H . S . E . . . N . A . S
```

Puzzle 86

```
. M . S . C . B . I . A .
C O P P E R . E R M I N E
. T . A . I . L . M . K .
P I E S . T W I L I G H T
. O . . . I . E . N . S .
U N S P E C I F I E D . .
. S . R . . . . . N . E .
. . R E S T R I C T I N G
. C . S . R . N . . . D .
T O L E R A N T . V O L T
. U . R . I . E . O . E .
D R I V E N . N E W E S T
. T . E . S . D . S . S .
```

Puzzle 87

```
. F O R L O R N H O P E .
S . W . I . E . O . H . I
M A N U F A C T U R E R S
O . . . E . A . R . N . L
C R E A T I N G . C O N E
K . M . I . T . E . M . S
. T E A M S . A D D E R .
S . R . E . C . U . N . S
N A G S . B A R C H A R T
I . E . H . R . A . . . A
F U N D A M E N T A L L Y
F . C . L . E . E . I . S
. H Y P O C R I S I E S .
```

Puzzle 88

```
S . S . B . T . B . P . S
P R U D I S H . O V A R Y
O . F . G . O . R . I . N
U N F I T . U N D E R G O
T . E . O . . . E . . . N
. C R Y P T O G R A P H Y
S . E . . U . . . O . . M
C I R C U I T B O A R D .
I . . N . . . B . T . . O
E G O T I S T . J E A N S
N . N . Q . O . E . B . C
C O Y P U . C O C H L E A
E . X . E . K . T . E . R
```

Puzzle 89

```
H E R O I C . . I T A L I C
. X . M . O . N . D . O .
A P S E . M O T I V A T E
. L . G . P . E . E . A .
P A R A L L E L . R O S E
. I . . . E . L . S . . .
I N F O R M . E Y E F U L
. . . P . E . C . . . N .
P A L E . N E T W O R K S
. V . N . T . U . L . N .
M A H A R A J A . D R O P
. I . I . R . L . E . W .
C L E R G Y . S T R I N G
```

Puzzle 90

```
A . K . V . . . P . P . B
C O N F I R M . A C U T E
I . E . A . E . E . N . V
D Y E . B A T T L E C R Y
T . . L . H . L . T . . .
E L A T E . O P A Q U E R
S . R . . D . . . R . . E
T O R N A D O . D O E R S
. . O . N . L . I . . . P
I N G E N I O U S . D U O
F . A . O . G . M . E . N
F A N C Y . Y E A R N E D
Y . T . S . . . Y . T . S
```

Solutions

Puzzle 91

```
B A D L Y . H A Z A R D S
. W . I . N . U . B . E .
F A I N T E S T . A R E A
. I . K . U . H . S . P .
S T R I C T . E T H O S .
. . . N . R . N . . . E .
S M O G . A P T . S I T S
. A . . . L . I . T . . .
. S T Y L I . C L O T H E
. S . A . Z . I . R . O .
W I T H . I N T I M A T E
. V . O . N . Y . E . E .
B E L O N G S . I D O L S
```

Puzzle 92

```
O D D N E S S . G R A D E
. R . U . U . P . U . I .
C O M M E M O R A T I V E
. V . E . U . I . . . E .
T E R R A P I N . W I R Y
. R . I . . . T . O . T .
. A C C E S S I N G . . .
. H . A . A . . . D . R .
F O O L . R E L I E V E S
. R . . . N . L . R . P .
C R O S S E X A M I N E S
. O . I . D . M . N . A .
F R O N T . T A R G E T S
```

Puzzle 93

```
I . I . F . S . L . H . U
C A L L O U T . I N A P T
I . O . U . A . V . H . T
N E V E R . B R I G A D E
G . E . T . . . N . . . R
. M Y T H O L O G I C A L
E . O . . . E . . . L . Y
D O U B L E D E C K E R .
I . . . I . . . U . A . C
T H A N K E D . R A R E R
I . L . E . U . A . E . U
N A S A L . P R E S S E D
G . O . Y . E . S . T . E
```

Puzzle 94

```
P U B L I C . F L O A T S
. G . I . O . I . V . A .
F L A G . T E N D E N C Y
. I . H . T . A . R . K .
R E S T R A I N . D A Y S
. S . . . G . C . U . . .
S T R I V E . I D E A L S
. . . N . C . A . . . E .
S K I D . H E L L B E N T
. R . U . E . Y . L . I .
C O N C R E T E . O Y E Z
. N . E . S . . . A . O N
P A D D L E . R E M O T E
```

Puzzle 95

```
R . T . A . . . D . S . T
O M I T T E D . O C C U R
M . C . T . O . L . R . U
A U K . U N W E L C O M E
N . . . N . N . O . L . .
T E P E E . P O P U L A R
I . R . . . A . . . E . E
C L O S E L Y . A D D U P
. . D . N . M . S . . . H
D O U B T L E S S . F A R
O . C . I . N . E . R . A
G R E A T . T H R O A T S
S . S . Y . . . T . Y . E
```

Puzzle 96

```
. C O M M A N D M E N T .
A . R . A . I . I . I . L
B U B O N I C P L A G U E
I . . . A . K . K . H . T
D E B U G G E R . S T A G
E . R . I . D . P . C . O
. P O I N T . F A I L S .
S . A . G . M . S . U . H
W E D S . P O S S I B L E
E . C . S . R . P . . . I
P R A C T I T I O N E R S
T . S . E . A . R . G . T
. S T I M U L A T I O N .
```

Solutions

Puzzle 97

```
F L E D . R I G I D I F Y
. U . R . I . R . R . A .
A D I E U S . A W A I T S
. I . S . E . P . M . . .
A C T S . S C H N A P P S
. R . E . . . I . . . R .
F O O D P R O C E S S O R
. U . . A . . E . . . P .
A S S E R T E D . L O O P
. N . T . E . F . S .
B R U T A L . E L I X I R
. U . E . D . S . N .
D E G R A D E S . H O G S
```

Puzzle 98

```
F A N T A S Y . U N I T E
. N . R . U . K . E . E .
A G A I N S T N A T U R E
. E . A . H . I . . . S .
P L A N N I N G . S U E D
. S . G . . . H . P . R .
. . I L L G O T T E N . .
N . E . I . . . C . A .
E E L S . N A S T I E S T
. A . . G . C . F . P .
C R O S S E X A M I N E D
. L . U . R . R . E . C .
L Y I N G . W E B S I T E
```

Puzzle 99

```
H E D G E . S M O O T H S
. Q . U . C . U . R . A .
B U R N D O W N . D O N G
. I . D . M . I . E . D .
U P K E E P . C A R B S .
. . C . E . I . . . O .
T R E K . N I P . S I N G
. E . . . S . A . E .
. V I O L A . L Y R I C S
. O . M . T . I . P . Y .
A L O E . I N T H E E N D
. V . N . O . Y . N . I .
R E A S O N S . S T A C K
```

Puzzle 100

```
. P . I . S . P . S . G .
K I D N A P . A N N U L S
. R . N . R . T . O . O .
M A W S . A S I T W E R E
. N . . . N . N . S . Y .
P H O T O G R A P H S . .
. A . A . . . . . O . A .
. . E X P E R I M E N T S
. S . A . C . N . . . T .
S W I T C H E S . S K I T
. E . I . O . T . I . R .
B E C O M E . E D G I E R
. T . N . D . P . H . D .
```

Puzzle 101

```
B E H A L F . C O T T O N
. V . P . U . O . R . N .
W I M P . N O N S E N S E
. L . L . C . T . K . E .
D E T E C T O R . K I T E
. Y . . . I . A . E .
T E C H N O . D I R E C T
. . . A . N . I . . . I .
I C O N . A C C O U N T S
. I . D . L . T . N . I .
G R A F F I T I . S I Z E
. C . U . T . O . E . E .
V A L L E Y . N O T I N G
```

Puzzle 102

```
I B I S . W R A P P I N G
. I . O . I . L . O . E .
P O P P E D . S P R A W L
. G . R . O . O . C . . .
O R C A . W O R S H I P S
. A . N . . . A . . . R .
O P P O R T U N I T I E S
. H . . . A . . . O . S .
M Y T H I C A L . P O U T
. . . I . K . A . S . M .
S P I N A L . N A P K I N
. E . T . E . E . I . N .
E P I S O D E S . N I G H
```

Solutions

Puzzle 103

```
S C H O L A R . M O R P H
. L . V . S . A . W . E .
B I T E T H E B U L L E T
. E . R . E . U . . . K .
A N A L Y S I S . F O E S
. T . O . . . E . A . D .
. C O N F I D E N T . . .
. A . K . O . . . T . S .
O N U S . R E T R A C T S
. Y . . . G . B . S . R .
C H R O N O L O G I C A L
. O . I . T . N . E . I .
D W E L L . P E R S O N S
```

Puzzle 104

```
W I S P Y . E D I T O R S
. D . R . S . I . O . E .
R E V E N U E S . T U F T
. A . S . B . A . A . U .
C L O S E T . P U L L S .
. . E . E . P . . . E .
C A R S . R H O . A I D E
. C . . . R . I . I . . .
. Q U O T A . N E R V E S
. U . W . N . T . M . L .
W I K I . E L E V A T O R
. R . N . A . D . I . P .
M E R G I N G . S L E E P
```

Puzzle 105

```
. C . L . T . F . B . F .
D E V I C E . I N A W A Y
. N . S . M . N . T . B .
S T E P . P E E P H O L E
. U . E . S . R . E .
F R U S T R A T I O N
. Y . P . . . O . L .
. L E G E R D E M A I N
. F . L . I . E . C .
D A Y L I G H T . J E E R
. T . I . H . E . E . N .
W A L N U T . C E R I S E
. L . G . Y . T . K . E .
```

Puzzle 106

```
S . I . M . S . W . F . E
C O N T A C T . I D I O M
O . T . R . U . L . L . B
R E H A B . D I L E M M A
E . E . L . . . D . . . S
. H A B E A S C O R P U S
O . I . . . U . . . R . Y
P E R T U R B A T I O N
E . N . . . A . F . S
R E C A L L S . M O I S T
A . O . O . A . E . L . A
T O P I C . S I S T E R S
E . S . K . S . T . S . H
```

Puzzle 107

```
. O B S E R V A T I O N
S . U . N . O . O . R . B
P S Y C H O L O G I C A L
R . . A . U . A . H . I
A C R O N Y M S . L E S T
Y . E . C . E . J . S . Z
. D A T E D . S O R T S .
G . C . D . L . U . R . L
R U T S . D E C R E A S E
A . I . Z . T . N . . A
B R O K E N H E A R T E D
S . N . T . A . L . E . S
. E S T A B L I S H E S
```

Puzzle 108

```
A . K . P . . . F . E . S
P I N C H E D . O O M P H
P . O . R . E . R . U . O
E B B . A S S E M B L E D
N . . S . T . A . A .
D R O V E . R O T A T E S
E . M . . . U . . . O . C
D Y N A M I C . S U R E R
. I . O . T . I . . A
R E V E A L I N G . M A T
I . O . N . V . H . O . C
C U R V E . E Y E L A S H
H . E . D . . . D . T . Y
```

Solutions

Puzzle 109

```
W I N G . S A L A R I E S
. N . L . T . I . I . R .
E S C A P E . G O S P E L
. P . N . L . H . E . . .
Z I N C . A U T O N O M Y
. T . E . . E . . . O . .
H E A D O V E R H E E L S
. O . . . I . . N . E . .
A F F E C T E D . H E C K
. . X . A . U . A . U . .
H E L I U M . M A N G L E
. R . T . I . P . C . E .
P R E S E N T S . E A S E
```

Puzzle 110

```
D R O P O F F . S A T Y R
. I . E . I . A . N . E .
A P P R O X I M A T E L Y
. P . S . E . I . . L . .
D E F E N D E D . P L O D
. D . C . . S . R . W . .
. N U T R I T I O N . . .
S . T . E . . . V . M . .
B A R E . S U B S I D E D
M . . T . U . D . T . . .
C O U R T E S Y L I G H T
S . U . D . E . N . O . .
F A R M S . T R A G E D Y
```

Puzzle 111

```
S A L S A . N U M E R I C
. L . P . C . N . A . N .
T O G E T H E R . T O S S
. N . C . A . E . E . I .
U G L I E R . M E N D S .
. . E . A . E . . . T . .
E G G S . C A M . T U S K
. A . . . T . B . W . . .
. R E U S E . E M I G R E
. L . N . R . R . S . I .
J A Z Z . I D E N T I F Y
. N . I . Z . D . E . L .
A D O P T E D . I D L E D
```

Puzzle 112

```
A S L E E P . C L E V E R
. E . A . R . A . V . T .
S A W S . O U T R I G H T
. G . E . N . C . D . E .
F U R L O U G H . E U R O
. L . . . N . M . N . . .
C L I N I C . E I T H E R
. . U . I . N . . . N . .
C R O C . A L T E R E G O
O . L . T . A . O . I . .
S U P E R I O R . Y A N K
. G . U . O . E . A . E .
C H O S E N . A T L A S T
```

Puzzle 113

```
. P S Y C H O P A T H S .
A . K . H . R . J . O . S
C L A R I F I C A T I O N
I . . . L . E . R . P . I
D I N G D O N G . W O L D
S . E . R . T . D . L . E
. S W E E P . P O L L S .
S . S . N . B . M . O . P
M O P S . F A M I L I A R
E . A . N . R . N . . . A
A P P R O P R I A T E L Y
R . E . O . E . N . M . S
. T R A N S L A T I O N .
```

Puzzle 114

```
. M . R . G . S . M . C .
M I K A D O . U N A B L E
. S . S . L . B . C . O .
W R A P . D I S T A N C E
E . . E . E . R . K . . .
M A L F U N C T I O N . .
D . I . . . . . N . S . .
. U N C E R T A I N T Y .
B . D . R . H . . . A . .
R U M I N A T E . P L U G
I . N . S . E . I . N . .
P L A G U E . N O T I C E
D . S . R . D . S . H . .
```

Solutions

Puzzle 115

```
O P U S . E N F O R C E D
. R . T . A . O . E . W .
R E G R E T . G R A V E L
. G . E . U . L . L . . .
K N O T . P H A R M A C Y
. A . C . . . M . . . O .
I N T H E P I P E L I N E
. C . . . E . . . E . D .
H Y S T E R I A . A Q U A
. . Y . F . D . R . C . .
A D M I R E . D O N A T E
. I . N . C . O . E . E .
H E I G H T E N . D U D S
```

Puzzle 116

```
E D I C T . C H E M I S T
. R . L . D . A . E . E .
C O L O N I A L . T O G S
. O . S . S . F . R . M .
S P L I T S . W H O L E .
. . . N . E . A . . . N .
F A N G . R A Y . P A T H
. B . . . T . H . A . . .
. Y U C C A . O N R U S H
. S . O . T . U . A . N .
I M A M . I N S I S T E D
. A . E . O . E . O . E .
B L A T A N T . C L E R K
```

Puzzle 117

```
S U F F E R S . A B U S E
. N . U . A . P . I . U .
P H I L A N T H R O P I C
. O . L . T . A . . . T .
C O N S I S T S . E Y E S
. K . C . . . E . L . D .
. . C A T H E D R A L . .
. R . L . O . . . B . R .
H E R E . B L O W O V E R
. M . . . N . L . R . V .
S E L F M O T I V A T E D
. D . E . B . V . T . R .
H Y M N S . D E T E C T S
```

Puzzle 118

```
A C H I E V E M E N T S .
S . I . A . X . X . W . I
T I G E R . T Y P H O O N
O . H . N . R . O . . . C
N E S S . M A E S T O S O
I . P . I . S . U . F . N
S E E I N G . D R A F T S
H . E . E . B . E . C . I
M O D I F I E D . T A N S
E . F . S . S . S . M . T
N E G L E C T . T H E M E
T . E . C . O . I . R . N
. D E A T H W A R R A N T
```

Puzzle 119

```
. F . O . P . P . F . Y .
S I C K L E . U N L O A D
. L . A . P . L . I . R .
A B L Y . P O S T P O N E
. E . . . E . A . F . S .
A R B I T R A R I L Y . .
. T . N . . . . . O . K .
. . S K Y S C R A P E R S
. B . L . H . U . . . Y .
D O M I N O E S . P U P A
. R . N . W . H . A . T .
T O N G U E . E M P L O Y
. N . S . D . S . A . N .
```

Puzzle 120

```
S U D S . A B H O R R E D
. N . U . I . E . E . G .
A D O P T S . A L L E G E
. E . P . L . V . A . . .
B R I O . E V E R Y O N E
. T . R . . . H . . . A .
B A P T I S M O F F I R E
. K . . . H . . . L . R .
M E M B R A N E . A G A R
. . . R . L . N . S . T .
M A N U A L . E T H N I C
. N . S . O . M . E . V .
B Y T H E W A Y . S K E W
```

Solutions

Puzzle 121

M	A	S	S	I	F		G	O	B	A	C	K
	C		H		R		R		A		R	
E	C	H	O		O	R	I	E	N	T	E	D
	O		V		M		N		K		D	
G	R	E	E	N	T	E	A		I	N	O	N
	D				H		N		N			
E	S	T	A	T	E		D	I	G	I	T	S
			M		W		B				U	
F	E	T	A		O	N	E	T	O	O	N	E
	N		T		R		A		U		N	
C	A	L	E	N	D	A	R		T	E	E	S
	C		U		G		I		E		L	
S	T	E	R	E	O		T	H	R	U	S	T

Puzzle 122

T		A		M	F		T		L			S
A	G	I	T	A	T	E		A	P	A	R	T
B		R		N		N		T		V		A
B	U	R	K	A		D	E	T	R	A	C	T
Y		I		G				O				U
	A	F	T	E	R	T	H	O	U	G	H	T
E		L				O				O		E
P	R	E	S	I	D	E	N	T	I	A	L	
I				D				H		L		O
S	L	O	W	I	N	G		I	R	K	E	D
T		N		O		U		R		I		D
L	I	L	A	C		M	U	S	I	C	A	L
E		Y		Y		S		T		K		Y

Puzzle 123

S	P	A	S	M		I	C	E	C	O	L	D
	R		U		A		A		H		U	
C	O	N	C	E	P	T	S		I	O	N	S
	V		C		P		H		E		A	
S	E	Q	U	E	L		R	E	F	I	T	
			M		I		E				I	
G	A	R	B		C	O	G		T	A	C	T
	U				A		I		O			
	D	E	B	I	T		S	C	A	L	A	R
	I		A		I		T		S		R	
A	B	E	T		O	V	E	R	T	I	M	E
	L		H		N		R		E		E	
R	E	L	E	A	S	E		T	R	A	D	E

Puzzle 124

	S		D		R		S		F		E	
S	T	O	O	G	E		E	N	R	O	B	E
	A		O		S		C		E		O	
D	R	A	M		C	U	R	T	A	I	N	S
	I				U		E		K		Y	
I	N	A	T	T	E	N	T	I	O	N		
	G		A						U		W	
		E	X	P	L	O	R	A	T	I	O	N
	I		P		O		I				R	
E	N	H	A	N	C	E	S		P	O	R	K
	D		Y		A		K		O		I	
D	E	F	E	C	T		E	A	S	I	E	R
	X		R		E		D		Y		D	

Puzzle 125

E		L		A				V		L		H
S	H	I	P	P	E	D		A	R	E	N	A
T		L		O		E		R		C		I
I	C	Y		G	L	A	D	I	A	T	O	R
M				E		D		E		U		
A	N	G	L	E		O	R	D	E	R	E	D
T		E				R				E		O
E	X	O	T	I	C	A		A	R	R	O	W
		M		N		L		R				N
B	R	E	A	T	H	I	N	G		B	A	H
I		T		I		V		U		A		I
F	O	R	U	M		E	T	E	R	N	A	L
F		Y		E				D		E		L

Puzzle 126

T	R	I	B	E	S		C	U	D	D	L	Y
	E		A		U		O		E		A	
E	D	G	Y		B	E	N	E	F	I	T	S
	U		O		S		S		I		I	
A	C	O	U	S	T	I	C		C	E	N	T
	E				A		I		I			
A	S	S	I	G	N		O	P	T	I	N	G
		M		T		U					E	
C	A	M	P		I	N	S	P	I	R	E	D
	X		O		A		N		N		N	
D	I	S	S	O	L	V	E		F	I	L	E
A		E		L		S		E		E		E
G	L	O	S	S	Y		S	T	R	E	S	S

Solutions

Puzzle 127

```
K I W I   P L E A S A N T
  N   N   A   L   T   A
O N E D A Y   E N O U G H
  E   E   E   M   I
T R A P   E X E R C I S E
  T   T       N       T
A U T H O R I T A R I A N
  B       A       I   I
P E D A N T I C   C A R E
    W   I   O   H   C
D A C A P O   O P E R A S
  G   K   N   K   S   S
R E L E A S E S   T I E S
```

Puzzle 128

```
P   F   B   A   G   R   A
E M O T I O N   O P I U M
A   O   C   T   T   S   U
C U T I E   S U C C E S S
E   N   P       H       I
  C O N S E R V A T I O N
O   T   O           N   G
C O E F F I C I E N T S
T       A       X   E   S
A S S U M E S   P U R G E
G   I   I   A   I   I   E
O F T E N   P E R F O R M
N   E   E   S   E   R   S
```

Puzzle 129

```
G O W R O N G   P Y G M Y
  B   E   O   S   U   I
R E I N F O R C E M E N T
  Y   D   N   O       I
R E D I R E C T   V E N D
  D   T     C   A   G
    F I N I S H I N G
  A   O   M     D   K
P L A N   P R E P A R E D
  A     A   X   L   N
O R G A N I Z A T I O N S
  M   T   R   L   S   E
A S P E N   S T U M B L E
```

Puzzle 130

```
S H O T S   F A L L A C Y
  E   R   G   D   E   O
P A R A N O I A   M A U L
  T   P   L   P   M   N
S H A P E D   T E A R S
    E   S   A       E
A P E D   T U B   C O L D
  O     A   I   O
  C R O W N   L A N D E D
  K   R   D   I   B   A
M E S A   A S T E R I S K
  T   T   R   Y   I   E
A S C E N D S   H O O D S
```

Puzzle 131

```
  D   A   M   C   T   K
B I S T R O   A V O C E T
  E   O   S   R   M   Y
C H O P   A P P E A R E D
  A     I   E   T   D
P R O S E C U T I O N
  D   N       E   A
    S U P E R V I S O R S
  T   B   N   I       I
S U N B A T H E   R E S T
  L   I   E   W   I   I
D I N N E R   E X T E N T
  P   G   S   R   E   G
```

Puzzle 132

```
Y A R D   B A S E B A L L
  G   I   E   A   U   E
T R U S T S   U P S E T S
  E   T   E   S   E
B E A U   T R A N S F E R
  M   R       G       V
H E E B I E J E E B I E S
  N       N       A   R
A T T R A C T S   R A Y S
    A   L   I   K   B
G H E T T O   T R I P O D
  U   I   S   E   N   D
R E C O V E R S   G U Y S
```

Solutions

Puzzle 133

```
G E A R E D . U S A G E S
. L . H . E . N . N . N .
D E W Y . V I C I N I T Y
. G . M . E . O . O . R .
G A M E P L A N . Y O Y O
. N . . O . D . E . . . .
S T I R U P . I N D E E P
. . E . M . T . . . X . .
D R I P . E V I D E N C E
. I . L . N . O . L . L .
S P R A Y T A N . B O U T
. E . C . A . A . O . D .
U N R E E L . L A W Y E R
```

Puzzle 134

```
A . G . R . . . D . A . D
F O R C E P S . R E C U R
T . I . N . U . O . T . U
E N D . D E B U G G I N G
R . . E . M . U . V . . .
A M O U R . E N E M I E S
L . B . . R . . . T . I .
L E S S O N S . T O Y E D
. E . R . I . I . . . E .
D E S C R I B E S . H E W
O . S . E . L . S . E . A
S W E A R . E Q U A L L Y
E . S . Y . . . E . M . S
```

Puzzle 135

```
S P I R I T S . G O O D Y
. U . A . O . D . V . I .
T R A D I T I O N A L L Y
. V . I . E . O . . A . .
W E L C O M E D . P E T S
. Y . A . . . L . A . E .
. . I L L A T E A S E . .
. J . L . S . . . S . A .
R O P Y . H O M E W O R K
. I . . R . E . O . C . .
A N T I B A C T E R I A L
. U . N . M . E . D . N .
S P O K E . T R U S T E D
```

Puzzle 136

```
C O U N T T H E C O S T .
O . N . R . O . E . P . S
R I D G E . U N L E A S H
R . E . E . S . L . . A .
E A R S . P E C U L I A R
C . L . T . S . L . S . E
T R I V I A . G A L O S H
I . N . R . F . R . L . O
O P E R A T E S . B A W L
N . M . N . T . T . T . D
A P P L I E D . E X I L E
L . I . S . E . R . O . R
. R E Q U I R E M E N T S
```

Puzzle 137

```
I . A . I . D . T . W . S
V A C A N C Y . R E A C T
O . A . V . E . A . D . A
R A D I O . D I G N I T Y
Y . E . K . . . I . . . I
. I M P E R F E C T I O N
O . I . . E . . . M . G .
F A C E T H E M U S I C .
F . . U . . N . T . C . .
I G N O R E D . T E A C H
C . O . N . E . I . T . A
E A G L E . S A D D E N S
S . O . D . K . Y . D . E
```

Puzzle 138

```
. F . T . M . I . C . H .
M I M O S A . N A R R O W
. G . F . G . S . I . U .
G U L F . P O I N T E R S
. R . . I . S . E . S . .
N E W S L E T T E R S . .
. S . Y . . . . . I . I .
. . U N D E R S T A N D S
P . O . X . I . . . Y . .
S O U N D I N G . F O L K
. S . Y . T . N . E . L .
S T Y M I E . E C L A I R
. S . S . D . . . D . T . C
```

Solutions

Puzzle 139

```
A M I D . H A R D B A C K
. I . I . A . E . I . O .
P S Y C H S . C H R I S M
. D . T . T . O . D . . .
L I R A . E N V I S A G E
. R . T . . . E . . . O .
D E T E R I O R A T I O N
. C . . G . . . A . D . .
S T U D E N T S . L A G S
. . O . I . . I . E . R .
F O U G H T . T E N N I S
. N . M . E . E . T . E .
D E M A N D E D . S A F E
```

Puzzle 140

```
P O E T I C . E N C A M P
. P . H . I . S . O . I .
D E L I . V I T A M I N S
. N . E . I . A . P . O .
G O L F C L U B . A W R Y
. U . . E . L . S . . . .
S T E P I N . I N S E R T
. . U . G . S . . . A . .
S P U R . I N H E R E N T
. I . S . N . M . E . G .
E X C U S E M E . T R I M
. I . I . E . N . R . N .
V E C T O R . T R O U G H
```

Puzzle 141

```
O . T . S . . A . D . S
F R A N T I C . D R O O L
F . L . A . O . J . W . U
E E K . G U N R U N N E R
N . . E . C . S . W . .
D R U M S . E X T R A C T
E . N . . N . . . R . H
D E F R O S T . R A D A R
. A . G . R . A . . O
B R I L L I A N T . F E W
U . R . I . T . I . A . I
F E L O N . E R O S I O N
F . Y . G . . S . R . G
```

Puzzle 142

```
S . I . H . B . R . W . S
C O M P A R E . A D A P T
O . A . N . E . C . R . U
U R G E D . S K I P P E D
R . I . L . . N . . . I
. I N T E L L I G E N C E
I . E . . I . . . E . D
D I S C O N T I N U E D .
E . . T . . . A . D . P
A L C O H O L . V I L L A
L . A . E . U . I . E . N
L O V E R . G U E S S E D
Y . E . S . S . S . S . A
```

Puzzle 143

```
A T F I R S T . C A R D S
. R . N . E . H . I . O .
C O N C E P T U A L I Z E
. P . O . I . G . . . E .
S H O R T A G E . D I N S
. Y . R . . . L . O . S .
. . V E R I F Y I N G . .
. H . C . N . . . A . E .
W A I T . P L A N T I N G
. I . . U . C . I . T .
G R A V I T A T I O N A L
. D . E . S . O . N . I .
T O O T H . W R E S T L E
```

Puzzle 144

```
. P . T . B . D . B . B
A R M A D A . E A R W I G
. O . M . L . P . O . B .
S L I P . S C A R C E L Y
. O . . . A . R . C . E .
I N F O R M A T I O N
G . V . . . . . L . I
. . P E R C E P T I O N S
C . R . L . I . . . H
D R A F T I N G . C L A M
I . L . M . E . H . B
A B S O R B . O R I G I N
. S . W . S . N . N . T
```

Solutions

Puzzle 145

```
O D E S _ P O S I T I V E
_ E _ T _ A _ C _ I _ I _
I S S U E S _ H A M M E R
_ C _ B _ H _ E _ E _ _ _
G R A B _ A I R C R A F T
_ I _ L _ Z _ _ _ _ _ A _
O B J E C T I O N A B L E
_ E _ _ _ E _ _ _ L _ L _
T R A N S M I T _ F L A X
_ _ A _ P _ A _ A _ P _ _
S A D D L E _ C E L L A R
_ L _ I _ S _ K _ F _ R _
R E W R I T E S _ A R T S
```

Puzzle 146

```
E V I C T _ O D Y S S E Y
_ I _ A _ E _ I _ A _ N _
E X T R E M E S _ L I M P
_ E _ T _ B _ C _ V _ A _
A N G O R A _ R O O M S _
_ _ _ O _ R _ I _ _ _ S _
A N O N _ R A M _ A G E S
_ O _ _ A _ I _ B _ _ _ _
_ W A N E S _ N E S T E D
_ H _ E _ S _ A _ E _ V _
M E R E _ I N T E N D E D
_ R _ D _ N _ E _ C _ N _
M E S S A G E _ S E T T O
```

Puzzle 147

```
A _ B V _ C _ C _ R
P O R T I C O _ A L O N E
P _ E _ E V _ M _ M _ I _
O L D _ W H E R E U P O N
I _ _ E _ R _ R _ R _ _ _
N O S E D _ L E A D I N G
T _ T _ O _ _ _ S _ O _ _
S H A M P O O _ J E E R S
_ R _ U _ K _ I _ _ _ T _
R E V O L T I N G _ D U E
A _ I _ S _ N _ S _ U _ A
G E N R E _ G U A R D E D
E _ G _ S _ _ _ W _ E _ Y
```

Puzzle 148

```
D E T A C H _ E X P E C T
_ N _ L _ E _ N _ I _ H _
D A U B _ L O C A T I O N
_ B _ U _ T _ O _ F _ I _
F L A M B E A U _ A U R A
_ E _ _ R _ R _ L _ _ _ _
A S S A Y S _ A L L O W S
_ _ C _ K _ G _ _ _ _ I _
E P I C _ E L E P H A N T
_ H _ U _ L _ M _ Y _ D _
C A S S E T T E _ P R O M
_ S _ E _ E _ N _ E _ W _
C E N S O R _ T H R A S H
```

Puzzle 149

```
_ T _ O H _ P _ E _ O _
P H O B I A _ I N T E N T
_ I _ E _ R _ C _ C _ E _
X R A Y _ D U N G E O N S
_ S _ _ E _ I _ T _ D _ _
S T I F F N E C K E D _ _
_ Y _ E _ _ _ _ R _ R _ _
_ _ M A N I P U L A T E D
_ L _ T _ C _ R _ _ _ M _
L I G H T I N G _ G R O W
_ P _ E _ C _ I _ I _ V _
S P I R A L _ N O S H E S
_ Y _ S _ E _ G _ T _ D _
```

Puzzle 150

```
B A N A N A S _ S A M B A
_ R _ P _ T _ A _ W _ A _
C O M P A T I B I L I T Y
_ U _ R _ I _ U _ _ _ T _
E N F O R C E S _ E W E R
_ D _ V _ _ _ E _ X _ R _
_ _ W I T N E S S E S _ _
_ D _ N _ U _ _ _ C _ A _
H A N G _ A L T R U I S M
_ S _ _ N _ H _ T _ T _ _
C H A R A C T E R I Z E D
_ E _ O _ E _ R _ O _ R _
A S S E T _ M E A N I N G
```

Solutions

Puzzle 151

```
C R A B ■ S E C U R I T Y
■ E ■ L ■ H ■ O ■ A ■ I ■
S P H E R E ■ N O V I C E
■ R ■ M ■ L ■ V ■ E ■ ■ ■
L O C I ■ F I E L D D A Y
■ D ■ S ■ ■ R ■ ■ ■ D ■ ■
A U T H O R I T A T I V E
■ C ■ ■ E ■ ■ ■ A ■ E ■ ■
D E S C E N D S ■ N O R M
■ ■ ■ U ■ E ■ A ■ G ■ S ■
E S C R O W ■ F A R M E R
■ E ■ S ■ E ■ E ■ A ■ L ■
L A V E N D E R ■ M A Y O
```

Puzzle 152

```
E ■ S ■ H ■ ■ ■ T ■ S ■ N
L I N E A G E ■ E L U D E
E ■ O ■ T ■ N ■ M ■ P ■ A
V O W ■ R E C I P I E N T
A ■ ■ E ■ O ■ L ■ R ■ ■ ■
T R E N D ■ U S E L E S S
E ■ X ■ ■ R ■ ■ ■ G ■ ■ I
D I P L O M A ■ G R O O M
■ E ■ W ■ G ■ A ■ ■ ■ P ■
F I N A N C I A L ■ P A L
O ■ S ■ I ■ N ■ O ■ O ■ E
G R E E N ■ G A R D E N S
S ■ S ■ G ■ ■ E ■ T ■ T ■
```

Puzzle 153

```
A B B E Y ■ T R I U M P H
■ A ■ Y ■ U ■ E ■ S ■ R ■
I N T E R N A L ■ H O O T
■ J ■ B ■ P ■ A ■ E ■ T ■
H O T A I R ■ T H R E E ■
■ ■ ■ L ■ O ■ I ■ ■ ■ C ■
P E E L ■ F R O ■ A R T Y
■ X ■ ■ I ■ N ■ W ■ ■ ■ ■
■ A D O P T ■ S T A M P S
M ■ R ■ A ■ H ■ R ■ E ■ ■
L I M B ■ B U I L D I N G
■ N ■ I ■ L ■ P ■ E ■ C ■
K E S T R E L ■ O D D E R
```

Puzzle 154

```
■ F ■ G ■ W ■ ■ I ■ H ■ F
S A M O S A ■ N O O D L E
■ L ■ R ■ S ■ S ■ S ■ O ■
C L O Y ■ T E A S P O O N
■ F ■ ■ ■ E ■ N ■ I ■ R ■
C O G N O S C E N T I ■ ■
■ R ■ A ■ ■ ■ ■ A ■ A ■ ■
■ ■ S T R I N G A L O N G
P ■ I ■ M ■ U ■ ■ ■ O ■ ■
S A B O T A G E ■ T I D E
D ■ N ■ G ■ S ■ U ■ U ■ Y
G R E A V E ■ T I R I N G
E ■ L ■ S ■ S ■ N ■ ■ E ■
```

Puzzle 155

```
A ■ B ■ S ■ C ■ B ■ D ■ I
F O R M U L A ■ O N I O N
T ■ E ■ N ■ R ■ R ■ V ■ T
E X A M S ■ T E E N A G E
R ■ K ■ E ■ ■ A ■ ■ ■ G ■
■ H O R T I C U L T U R E
F ■ U ■ A ■ ■ ■ L ■ R ■ ■
A U T H E N T I C A T E ■
R ■ ■ D ■ ■ I ■ I ■ ■ ■ S
M O R N I N G ■ T E M P T
E ■ U ■ T ■ A ■ I ■ A ■ A
R H I N O ■ M O N I T O R
S ■ N ■ R ■ E ■ G ■ E ■ T
```

Puzzle 156

```
S T R E E T S ■ S T E A K
■ R ■ N ■ W ■ A ■ A ■ N ■
B Y A L L A C C O U N T S
■ O ■ A ■ N ■ I ■ ■ ■ H ■
O U T R A G E D ■ I C E D
■ T ■ G ■ ■ ■ I ■ G ■ M ■
■ ■ F I N A N C I N G ■ ■
■ A ■ N ■ B ■ ■ ■ O ■ P ■
R U N G ■ S E V E R E L Y
P ■ ■ ■ E ■ I ■ A ■ A ■ ■
E A S Y L I S T E N I N G
■ I ■ E ■ L ■ A ■ C ■ E ■
T R U T H ■ C L I E N T S
```

Solutions

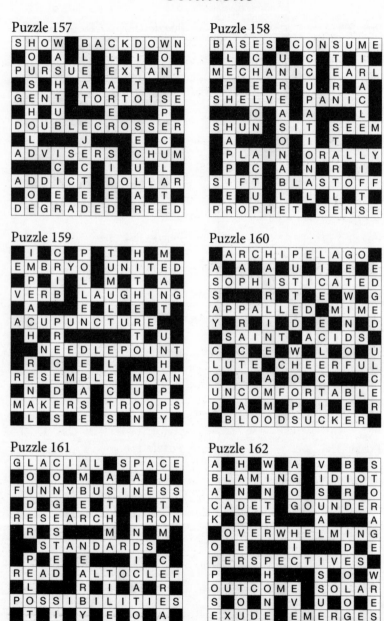

Puzzle 157

Puzzle 158

Puzzle 159

Puzzle 160

Puzzle 161

Puzzle 162